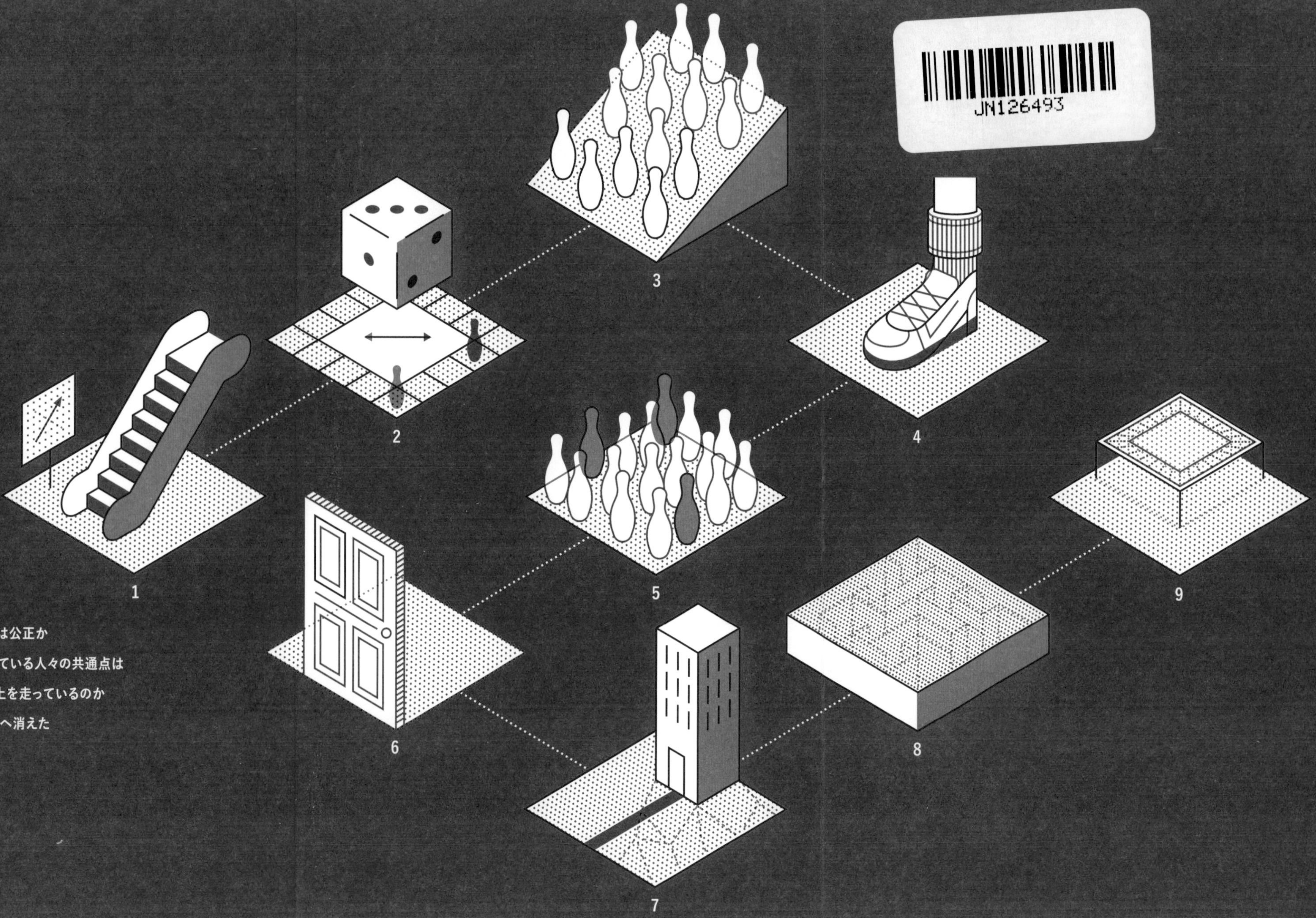

1. 昇進というエスカレーター

2. 人事考課というボードゲームは公正か

3. 同じ職級で低い賃金をもらっている人々の共通点は

4. どんな靴を履いてトラックの上を走っているのか

5. あれほど多かった女性はどこへ消えた

6. 就職のハードル

7. 同じところにたどり着くまで

8. 公正に見える評価基準の罠

9. 踏切板

失われた賃金を求めて

イ・ミンギョン 著
小山内園子・すんみ 訳

잃어버린 임금을 찾아서　이민경

タバブックス

目次

はじめに

韓国で、女性がもっと受け取れるはずだった賃金の金額を求めよ

数学に苦手意識のある人が多いことはわかっているが、まずはこれを、必ず解かなければならない問題だと思ってみてほしい。途方にくれるようならそれはごくごくマトモな反応なのでご心配なく。この女性の職種も、職場も、職級もよくわからない、答えを求めるにはあまりにも情報が足りない問いだからだ。おまけに、「もっと」もらえるはずだった、の比較対象さえハッキリしない。誰より「もっと」、もらえるはずだったのだろう。勤め先の同じ職級の男性より？　本来ならこのくらいはもらえるはずだと思う賃金より？　あるいは、同期入社の男性社員より？

よくわからないまま推測してみる。ひょっとして、この問いが言う「女性」とは1人を指すのではなく、韓国で賃金労働をする女性全体かもしれない。もしそうならニュースやインターネットをチェックして「男女賃金格差」という概念にたどりつけるだろう。検索してみると、2016年現在、韓国女性が受け取っている賃金は男性に比べ約36・7％少ないというOECDの調査結果がぞろぞろ出てきた。でも、ここで言っている男性と女性って誰のことだ？ ある職場に同期で入社した男性と女性？ 韓国の全女性と全男性？ よくわからなければさらに検索だ。

OECDの定義によると、男女賃金格差とは、フルタイムで働く雇用者、ならびに自営業の女性と男性の月給の中位数を指数化した数字である。(1) 言いかえると、フルタイムの会社員と自営業に従事する女性と男性全員の賃金をそれぞれ一列に並べ、真ん中の値を比べたとき36・7％の差が出る、ということだ。

男女賃金格差？

男女賃金格差ということばにはどんなイメージがあるだろうか？　私が思い浮かべるエピソードはいろいろだ。「韓国」「男女賃金格差」「ＯＥＣＤ」「最悪」という4つのことばをあれこれ組み合わせたさまざまなバージョンの見出しをはじめとして、ウェブトゥーン（訳注＝韓国で定着しているインターネット上のマンガ）作家の男女賃金格差をとりあげた新聞記事、男性と女性で時給が違うネット上のバイト求人広告、最終面接に合格し晴れてアナウンサーになったものの、同期の女性は全員非正規で、同期の男性は全員正社員だったという友人の話、60年にわたり結婚した女性社員に退職を強要し続け、議論の的となった酒類メーカー[2]、長年女子学生のほうが多い学科なのに開校以来1人も女性教授がいない我が母校の仏語・仏文学科、就活生の友人が電話でふともらした「企業の採用は露骨に男子優先」という絶望、幸い就職することができても、いざ昇進となると大変だと嘆いていた会社員の友人のことば、1987年制定の男女雇用平等法、女性役員のクオータ制（訳注＝役員の一定比率を女性に振り分けると定める制度。北欧諸国で積極的に進められ、韓国でも一定規模以上の企業に女性の割合の報告を求めている)、ガラスの天井、キャリア断絶など、最近よく目にするキーワードまで……。見聞きしたエピソードがいっしょくたに浮かんでくる。

そんなふうに浮かんだエピソードをベースにして、さて、どうやってこの問いにアプローチしよう。さらに情報を得ようと検索を続けると、ぶち当たったのは驚くべき事実だった。OECD加盟国の男女賃金格差をとりあげた記事と同じぶんだけ、「男女賃金格差などというものはない」という主張が並んでいるのだ。

韓国のポータルサイトはもちろんだが、YouTubeで「gender wage gap(男女賃金格差)」というキーワードを入れても、最初に上がってくる検索結果は「myth(神話)」「debunked(間違いがあきらか)」といった関連用語だから、どうやらこれは全世界的な主張らしい。平均して女性より男性の賃金が高いのは韓国では自明の理なのに、そんな主張ができることが不思議でならない。韓国の有名企業上位100社の社員1人あたりの平均年収は、男性が7742万ウォンなのに対して女性は4805万ウォン。あきらかに性別によって開きがある(3)(訳注=1000ウォンは約100円)。韓国はOECD加盟国のなかで常にトップ(たとえば、男女賃金格差)かビリ(たとえば、ジェンダー平等)の国だからそうだとしても、実は、女性より男性のほうが高賃金という現象はOECDの全加盟国に例外なく見られるのである。とすれば、統計であきらかな現象をウソっぱちと主張するというようなことが、なぜ起きるのだろうか。根拠とされている内容をザッと整理すると、大体こんな感じだ。

? 女性は、昇進できるだけの能力がない。
? 女性は、出産と育児で仕事を休む時期がある。
? 女性は、高収入を得られる職種を好まない。

男女賃金格差は存在する。だから、「男女賃金格差みたいなものはない」という言い方は間違いだ。格差がないと叫ぶ人々が実際に言いたいことは「男性は女性より多くの所得を手にしていない」ということではなく、「所得に差があるのは性差別のせいではない」ということなのだ。男女賃金格差の定義をOECDの言う「性別で賃金を分けたときに現れる二集団間の格差」ではなく「性別によって別の賃金が提示されること」と考えるなら、男女賃金格差という単語にカチンときて、上記のような3つの根拠をあげるのもわかる気がする。その考え方でいけば、それだけの理由があるから女性と男性には賃金の差が生まれているのであり、そこに性差別はないのである。だったら「男女賃金格差はない」という発言も、単に用語を違うふうに解釈したため生じたささやかなハプニング、とスルーしてしまっていいものだろうか。

もちろんダメである。むしろそこに意識を集中させるべきだ。一部の人々が存在しないとさかんに騒ぎたてる「性別によって別な賃金が提示されること」ということばにこそ、男女賃金格差の指標では伝えきれないさまざまな現実が、より幅広く反映されている。だから、否定する側の言い分がわかればわかるほど、最初にいきなり投げかけられた問いへの答えに近づけるはずなのだ。

韓国で、女性がもっと受け取れるはずだった賃金の金額を求めよ

そろそろ多くの読者が気づいていると思う。この問いは、韓国で賃金労働をする女性に

本来支払われるべきだったのに払われず、どこかへ消えてしまったお金、便宜上「失われた賃金」と呼ぶことにするが、そのお金の金額を求めてみようという試みである。また、やっぱり多くの読者がとっくにわかっていると思うが、この問いは「性別を理由にした賃金格差」は実在する、という問題意識のうえでのみ成り立つ。

性別によって賃金が違うことがある。もっとハッキリ言えば、人生のさまざまな局面にひそむ性差別は、一生を通じて女性の経済力をバッサバッサと切り落とし、あるいはジワジワと削りとっていく。もちろん、地球上の富のうち賃金所得が占める割合はごく一部にすぎない。上位階層になればなるほど、むしろ労働よりも資本そのものによって形成される所得の割合が増えていく。たとえば、韓国社会の富のうち相続財産が占める割合は、2015年現在でなんと42%にのぼる。(4) このように、富を蓄積し再分配するルートはさまざまだ。そして性差別はそのすべてのルートに影響を及ぼす。だが、この本ではそのうちの賃金所得というルート1つにしぼり、お金というセンシティブな問題が、同じくらいセンシティブな問題である性差別とどうからみあっているかを探るつもりだ。

そうすることにした理由の1つ目は、賃金所得というのはみんなで考えられる間口が広いものだからである。賃金差別は必ずしも一般企業に勤めなければ経験しない問題ではない。職種や雇用形態に関係なく、1度でも働いてお金をもらったことがある人、そういう予定がある人なら誰もが避けて通れない問題だ。ウチの職場だけは性別による賃金格差がない、と思いこんでいる場合ほど、むしろなにかを見落としている確率が高い。セクシズムは社会の一部にたまに発生する現象ではなく、社会そのものがセクシズムが根を広げる土壌なのである。社会の一部であるはずの職場が、そこからぽつんと切り離されたままでいられる確率は、残念ながら今のところない。2つ目の理由は、賃金所得には生計を支える手段という意味合いが強いことである。仕事をして稼ぐ以外の収入が期待できなければますますそうだ。そのとき、お金は各自が人生の選択としてチョイスしたりしなかったりできる価値ではなく、生存自体を左右するものになる。賃金所得は大多数の人生に直結し、大多数の人生に絶対的な影響を与える要因なのだ。

だから、この本を読むみなさんには問題の答えを求めるプロセスに一緒に参加してほしい。迷子になった賃金が集まる場所にたどりつければ、知らないうちに生き別れになっていたあなたの賃金とも、再会できるかもしれない。

失われた賃金を求めるには、若干の想像力が必要になる。まずは架空の職場を1つイメージし、そのトップエリートの場合から始めてみよう。やり方は物を失くしたときと同じ。まずは心当たりのある場所に出向き、立ち寄った場所に戻ってみる。運がよければ、まったく思いがけないところからひょっこり見つかるかもしれない。

ここからは同じやり方で、どこで、どれだけ失くしたかわからない私たちの失われた賃金を求めて、あらゆるシチュエーションを洗いざらいあたってみる。もし「賃金差別」というものが漠然としすぎてピンとこないようなら、鉛筆を1本脇においておこう。身に覚えのある場面と出くわすたび鉛筆を少しずつ削ることにして、リアルに体感していくのも悪くないはずだ。

(1) OECDデータ「男女の賃金格差」https://data.oecd.org/earnwage/gender-wage-gap.htm
(2) 韓国、毎日経済「クムボクジュ、60年間〈予備新婦〉に退職強要」2016年8月24日

(3) ハンギョレ「男・女、賃金差が最も大きい企業は？　外換銀行はなんと……」２０１３年4月10日

(4) 朝鮮ビズ「国内全体の富のうち　相続財産の比率42％」２０１５年11月17日

1

昇進

止まっているエスカレーター

この架空の職場では、上の階に行くほど賃金がかわる。昇進コースに乗れれば、エスカレーターでずっと上まで上がっていける。もともとは壁をよじのぼらないと上に行けなかった女性だが、最近ではエスカレーターを使ってよくなったという噂もちらほら。ところが不思議なことに、どの女性も、自分の目の前に来たとたんエスカレーターが点検中になったという体験談を持っている。

たいていの場合、トップに昇りつめた女性というのは実力の面でも努力の面でも文句のつけどころがない。実力があって努力をする人に重い職責がまかされるのは、能力主義を掲げる社会のあるべき姿だろう。それをヘンだと思ってはいけない。誰がなんと言おうとだ。ヘンなのは、そういうトップに起きがちな次の2つの現象だけなのだから。

? 同じ職級の女性と男性を比べると、平均して女性の実力や努力のほうが、男性を凌駕している。

? なのにその職級では、女性の数が男性より圧倒的に少ない。

偉くなればなるほどこの2つの現象は目立ってくる。それに気づいてしまうと、おかしいと思う気持ちを到底振り払えなくなる。偶然の一致かもしれない。でも、どの職種、どの職場を見回しても同じ結果だったら？　あきらかに偶然ではないだろう。コインを何回投げても表しか出ないときに感じるのと同じ疑惑なわけだから、信じていいはずだ。実際には、食パンを床に落としてジャムを塗った面が下になってしまったときに感じるのと同じ感覚、と言ったほうが適切だろうが。

2つの現象を1つの文章にまとめるとこうなるだろう。「トップエリートの女性は、同じ職級の男性を実力と努力の面で凌駕しながら、その実数となるとはるかに少ない」。はじめて聞く話だろうか？　女性社員のほうが優秀なのに昇進するのは男性社員、という不満や、女性はパーフェクトでなければ昇進できないという恨み節を耳にした覚えがないか、記憶をたどってみてほしい。なければ次の事例を読んでほしい。

全州《チョンジュ》郵便局では、開局から121年を経て初の女性郵便局長が誕生した。パク・チャルレ局長は職務関連規定集を徹底的に読みこみ、仕事のかたわら放送通信大学へ進学、全北《チョンブク》大学経営大学院を卒業した。社内研修では常にトップの最優秀評価をキープ。初の女性係長、初の女性事務官、初の女性書記官を経て、初の女性郵便局長となった。パク局長は郵便局の本来業務のほか、関係機関とも積極的に業務提携を推進し、地域経済活性化の旗振り役として評価されている。(1)

スターバックス　コリア飲料開発チームで初の女性チームリーダーとなったパク・ヒョンスクチームリーダーのエピソードはこうだ。スターバックス　コリア事業開始時に公募採用1期生としてキャリアをスタートさせたパクリーダー。開発したシュークリーム ラテは22日間で100万杯販売され、スターバックス コリア史上最短期間で58億ウォンの売上げを達成した。家で子どもにつくっていた飲み物をヒントに開発したマンゴーバナナブレンディッドは1年で45億ウォンの売上げを記録。他にも、レッドビーン フラペチーノ、ドルチェ ラテ、チェリーブラッサム ラテといった人気メニューすべての企画、開発に関わった。(2)

すでにふれたとおり、男女賃金格差というテーマをとりあげる場合、主張する人によって同じ指標でもまったく違う読まれ方をする。だから「男女賃金格差はない」、言いかえれば、性別を理由にした賃金差別は存在しない、と信じる人々にとっては、こうした事例はやはり差別の終焉を意味する有力な証拠とされるだろう。おそらくこう言うはずだ。ほらみろ、そいつらは能力があるから堂々と成功してるんだ。トップエリートに女性が少ないのは、単にそれだけの能力を持つ女が少ないからさ。いまや誰でも、一生懸命努力しさえすれば見返りが得られる時代だ。性差別を言い訳にするのはやめにして力をつけるんだな。ガラスの天井は割られたんだよ！

「ガラスの天井」へのさまざまな誤解

たしかにこのところ、「ガラスの天井」と「割られた」という2つの単語が並ぶ記事をよく目にする。文在寅《ムン・ジェイン》政権が「女性閣僚30%の公約」を打ち出し、その実現のために以前より多くの女性を閣僚に抜擢したこともあるだろう。「ガラスの天井　割られた」「ガラスの天井　破る」「ガラスの天井　打ち破った」「ガラスの天井　壊せるように」「ガラスの天井を打ち砕く」「ガラスの天井にひび」「女性よ、ガラスの天井をぶち壊せ」「ガラスの天井　割れるか?」などなど。記事を検索していると、韓国語の表現の多様さをしみじみ感じる。記事だけではない。「ガラスの天井」は最近、あるポップミュージックの歌詞にもなった（訳注＝BTS（防弾少年団）の曲「Not Today」。該当部分への批判に対し、BTS側は「あくまで自分たちの状況を書いたもの。そうした意図はない」と反論している）。「お前を閉じ込めるガラスの天井なんかぶち壊せ」。作詞者は「ガラス？　割ればいいじゃん！」と思っているようだが、実はガラスの天井とは、女性の昇進を阻む障害物がガラスのように透明で、あたかも存在しないかのように見えないかたちでおかれているという意味からきたものであり、割れば壊れる障害物、という意味ではない。

「ガラスの天井」への誤解はまだある。どこの業界でも「初の」と枕詞がついた女性が登場したとたんに「ガラスの天井は破られた」的な言い方がされるから、どうやらガラスの天井というのは1つの場所にきっちり1つずつ存在する、文字どおり天井みたいなものと思われているようだ。そのイメージどおりなら、ある職場で全女性を封じ込めていたただ1つのガラスの天井は、トップエリート女性が1人でも登場した段階で消滅するはずだ。最初の女性によって天井は打ち破られる、あるいは、そういう人が存在できること自体天井が破壊された証拠、この2つに1つのはずだからである。ところがだ。比喩というのは理解を助けることもあれば、根拠のない誤解を招くものでもあるらしい。残念ながら1つの職場、あるいは職種全体のガラスの天井を1人の女性が粉々に打ち砕くという出来事は起きない。昇進のとき、実際にオフィスの天井を突き破って上のフロアに行くことがなかなかむずかしいように、比喩はしょせん比喩なのだ。ズバリ、それぞれの頭の上に、それぞれのガラスの天井がある。

もちろん、高いポジションについている女性の存在は他の女性の力になる。高い地位についた女性がスタイリッシュに仕事をする姿は他者のロールモデルになりえるからである。なりえるのだが、だからといって性差別がなくなった証拠とはなりえない。また、そうした存在を、なにごとにも例外はあるからと性差別的な現実での単なる特例と片づけてもいけない。むしろ、職場での性差別のリアルな生き証人になりうる存在なのだ。それまで男性にしか認められなかった場所に進入するために課せられたさらなる努力、証明しなければならなかったさらなる成果、直面せざるをえなかったさらなる不当さを、そうした女性たちの経験から、読み取らなければいけない。

女性の昇進

女性の昇進はより時間がかかり、よりむずかしい。この差について、男性は軍に服務した兵役期間がキャリアと認められ、昇進が2年早まるからだとする説明をたまに聞く。だが、これは昇進差別の1つの説明にはなっても、けっして十分な理由ではない。国の軍への服務を職場での経済的保障として認めることが妥当かどうかはおくとしても、そういう認定まで性別によって選択的に行われることは押さえておくべきだろう。かつて朝鮮戦争に参戦した女性軍人は、就職市場でけむたがられるからという理由で、経歴を認定されるどころか、軍に服務していたことさえ隠さなくてはいけなかった。それに、そもそも「軍への服務を経歴として認定したから」というだけでは説明のつかない昇進格差が、あきらかに存在している。女性の職級が上がるのは男性に比べてはるかに遅いし、そもそも上がらない。国会議員の補佐官など（訳注＝韓国では国会議員の議員活動をサポートする補佐官、秘書官、秘書などは立法府の特別職公務員となる）の場合、男性はインターンから始まって3～4年のあいだに5級に昇進するのに対して、女性は5級になるまでに10年以上かかる。(3) 現在、兵役期間は約2年なのだ。またこの現象は、徴兵制がない国でも普遍的に起きている。女性が昇進から排除される現象は、男性の兵役がキャリアとして認められるせいでやむをえず生じた差、ということではけっして説明がつかない。

「銀行で5級係長になろうとしたとき、男性は90％以内に入っていればいいが、女性は上位10％の中にいなければいけないんです」(4)。トップエリートに昇りつめる女性にはどんな能力が求められるか、入行20年、次長クラスのこの女性のことばが、ある程度伝えているだろう。1990年代中盤まで、昇進したい女性はまず、男性と同じコースに進入するための試験に合格しなければならないとする制度が厳然と存在していた。前に紹介したパク・チャルレ局長が職務関連規定集を読みこみ放送通信大学へ進んだのも、公務員試験に合格して出された最初の辞令が、男性職員と異なる補助的な業務だったからだ。新韓銀行初の女性役員となったシン・スンチョル前副頭取も、やはり男性行員とは異なる補助的業務ばかり振り当てられ、人員の手当もされず、同じ業務の男性より低い給料だったため、ますます努力せざるを得なかった。(5)大卒専門職女性として初めてLG電子に入社したソル・グミ前LG CNS常務も同じである。入社後、初めて任された業務は清掃だった。それが女性社員の仕事だったからだ。結婚したら退職するという誓約書を書かなければならなかったし、本当に辞職を迫られるピンチもあったが、結局、認められ正社員になることができた。(6)

この女性たちが努力して手に入れた認定は、正社員の男性ならしゃにむにがんばらなくても最初から手にしているものだ。前にふれたスターバックス飲料開発チームのパク・ヒョンスクチームリーダーだって状況は同じである。他のリーダーももちろん有能だろうが、パクリーダーをのぞくと全員男性の彼らが、必ずしもパクチームリーダーほどの目覚ましい成果ばかり出す必要はなかっただろう。

不屈の意志で戦った女性たちの物語の「成功」という結末だけに注目してはいけない。その地位についた誰もが、それほどの優秀さを等しく要求されてきたのか。それほどの実力と能力で武装しなくても、女性はトップエリートに昇進できたのか。そして、一方の性だけが経験させられた数多くの逆境が、「ほらね、性別とは関係なく一生懸命がんばればいいんだよ」という能天気な考えを支える仕組みによってうまいことラッピングされてしまっていないか、見抜かなければならない。

成功した女性をとりあげたインタビューは、どれも似たようなまとめ方で終わっている。他の女性たちにひとこと、という注文に、それぞれ努力しよう、努力すればばかなう、と答えていること。「死ぬほど努力すれば道は開ける」「あきらめずに命をかけろ」、すごいものになると「差別を努力で克服しろ」。そう語ってしまうのは他の女性に勇気を与えたいからだろう。実際、本人もそう生きてきたのだろうし。だが、そうした「努力による成功」を際立たせた事例には罠がひそんでいる。「能力のある女性は成功する」と要約され、「だから、もはや性差別はない」という主張につながるからだ。あらゆる不信や差別やチェックを軽々と乗り越えて快挙を成しとげたことはもちろん伝えられるべきだが、そもそも、そういうチェックすべてが不合理だという点は十分に語られていない。また、差別の当事者でさえ、差別ということばと「絶対に進入不可の状態」を混同して使っている問題もある。女性が排除されていたところに進入できれば、それでもう差別はないと言えるだろうか？　差別を乗り越えて男性よりはるかに困難なことをやりとげた当事者が「もはや女性もできる」と口にした瞬間、そのことばは皮肉にも「もはや差別は存在しない」と語る人々の信念と同じ効果を生んでしまうのである。その信念こそ、まさに「実力で勝負すればいい」というヤツだ。

２０１７年現在、公務員の44・6％が女性だが、トップ官僚に相当する1、2級の女性公務員の割合は3・7％である。(7)　２０１６年現在、韓国の有名企業５００社における女性役員の割合は2・7％にすぎない。１人も女性役員がいない企業の数は５００社中３３６

社だ。[8] 統計資料はごまんとあるが、そうした調査結果を「性別を理由にした賃金の差はない」と主張する相手に差別の証拠として提示したら、むしろ「それってどうしてだと思う?」と聞き返されるだろう。有名携帯電話事業者のLGユープラスで女性と男性の賃金格差が韓国の平均値に近い36・4%(金額換算では2800万ウォン)となり、他の携帯電話事業者3社も、女性の平均年収が男性をはるかに下回るという事実があきらかになったとき、各社が出したコメントはまさにそんな感じだった。「高額年収を受け取る役員クラスの社員に男性が多いだけで、性別による賃金差別はない」というものである。[9] 実際、携帯電話事業者での女性役員の割合は5%にも満たなかった。

性差別はさまざまな局面で作用する軸のようなものだと理解しておかないと、こんなふうに「女性だから賃金が少ない」ということばと「女性は昇進ができないから賃金が少ない」ということばはまったく別のあつかいになる。そういう人々にとって、女性のトップエリートの割合が圧倒的に低いというデータは、女性の無能力を示す指標になるのである。だから、女性クオータ制やなんかはそれこそ不当な措置呼ばわりだ。放っておけば2・7%しかトップエリートになる資格のない女たちを、むりやり高い地位につける制度だと思いこむ。そしてこう言う。「ひいき」されようとせずに、「実力」で勝負しろ！

しかし、女性はもとから実力以外に頼れるものがなかった。ここまで紹介してきた女性たちがみな、性別による冷遇を実力で相殺し、目の前の制裁を努力で乗り越えてきたように。そんなふうに努力でなにかを成しとげてようやく「一人前の男より仕事ができる」という修飾語がつく。ここで問題なのは、同じ職級にいる男性がけっして「一人前の女を越える役員」と紹介されたりしないことである。「男性だってがんばればチーム長になれるんだから、絶対にあきらめるな」なんて言われたりしない。差別は、めげずに闘って勝ち抜けばなくなるものではなく、闘わなくてはならないものすべてを指す。差別は、「女性だってできる」ことを誰かが証明したときでなく、そのことばが「男性だってできる」に言いかえたときと同じくらい変に聞こえるようになったときに、はじめて姿を消す。

だから、もはや「実力では劣らないことを証明するんだ」と女性を叱咤激励することより、「女性は劣る」というどうしようもない通念をつくり出しているのが一体誰かを暴くほうに力を注ぐべきなのだ。「たとえ女性でも」「女性にしては」ということばのあとにどんな賛辞が続こうが、根底にあるのは「女性は劣る」と拡散するセクシズムである。そのことにきちんと目を向けなければ。「たとえ女性でも」のほうを問題視せずに「やりとげた」ほうにばかり目を向けていると、女性であることを理由にしたチェックと闘いつづけ、延々と自分の努力不足や実力不足を呪わなければならなくなる。男性たちがエスカレーターで上に上がるのを尻目に、目の前で止まっているエスカレーターをむなしく駆け上らないと証明できない資格とは、一体どんなものだろう？　女性はそもそもなんでもできる。証明しようとがんばる必要はない。女性のエリート層進出が少ない理由に女性の無能さをあげ、無能さの証拠に女性エリートの割合が小さいことをあげる、どちらが卵でどちらがニワトリかわからないこのループを断ち切らなくてはいけない。

女性が同じ職級の男性より実力面で優秀であるという事実、昇進したければそれだけの能力を備えろという男性たちのことば、昇進するのは死ぬほど努力した女性だけだという女性たちの嘆き。そのすべてが示しているのは、結局1つのことだ。同じ職級における男女間の能力差は、女性にばかりうるさいセクシズム的基準によってつくりだされた結果だということ。前の比喩を使って言うと、てっぺんまでエスカレーターで進む人間と止まったエスカレーターを足で駆け上がる人間、どちらが体力的に勝っているだろうか。もっとハッキリ言えば、劣っているはずがないのはどちらのほうだろうか。

昇進は賃金と直結する。女性が昇進にからんで失った賃金を求めるためには、大きく3つの問いを立てる必要がある。特定のポジションをめざした女性がせざるをえなかった努力、身につけざるをえなかった能力は、女性でなくても必要だっただろうか？　それだけの力量やガッツのある女性がセクシズムに対抗するためにエネルギーをさかなくてすんだら、他になにか別なこと、あるいはもっと多くのことを実現できなかっただろうか？　そして、そのポジションにつく女性の数はどれほど多かっただろうか？

男性の昇進

女性の失われた賃金を求めるには、女性の昇進と同じくらい男性の昇進にもふれておくべきだろう。前に見たとおり、昇進をめざす女性は徹底的に能力をチェックされるだけでなく、意図的におかれた障害物をも飛び越えなければならない。トップエリートに上りつめた女性のほとんどは、職種にかかわらず途方もない苦労をあじわっている。まるで、次々と難局を乗り越えるヘラクレスの物語を読んでいるときのようにドキドキハラハラの連続だ。他方、試練を乗り越えた男性のエピソードは、それこそヘラクレスの物語くらいしか思い浮かばない。昇進につながる結果を出した男性は、「男なのにまかせられるか？」という不信の目に挑み、さらに努力をしなくていいぶん、そもそも女性より有利な位置にいる。

しかもそれで終わりではない。問題は、結果を出していない男性まで昇進していることである。実にくだらない理由で。昇進していない男性の姿は不自然だから、である。私たちはなにかに不自然さを感じると、どこかに手違いがあると思ってしまう。そして、そういう居心地の悪さを解消したいと思う。男性をしかるべきポストにつけるためわざわざ昇進の理由までつくってやるのも、そのあたりからくるのだろう。結果、あきらかにレベルに達していない男性でも、単に男性だからという理由で昇進する。ポストというのは大体限られているから、彼の競争相手が女性の場合、全基準を満たしていたとしても「なんか男性が昇進するほうが自然だから」と、昇進を後回しにされる。

大義名分はそのときどきでさまざまだが、昇進の際に男性という性別が女性の実質的な成果を打ち負かした事例は数限りなくある。成果年俸制を導入している公共機関なのに、結果を出し高い評価を受けた女性を押しのけて最低レベルの男性が課長の肩書を手に入れた、リサーチ部に所属された男性があまりにも出来が悪いためもう少しラクな部署に回され、でも元リサーチ部だという理由で昇進になった、それなりの勤続年数がある男性なのに昇進させてやらないと会社を辞めるかもしれないから昇進させた、部で唯一の男性だから昇進させるべき、いい歳なのにその肩書ではナンなので昇進させた……。すべて、職種も仕事の性格も異なる職場での話である。

必ずしも会社員の経験がなくとも、そうした現状は想像がつくだろう。学生時代、会長と副会長はそれぞれ男子と女子のどちらがやるのが自然だと感じていたか、思い出してみよう。男子が会長をやるほうがまだ自然だと受け止められていた。最近では女子の会長というのも想定外のことではなくなったが、一時は男子が会長、女子が副会長というルールが厳然と存在していた。同数の票を獲得した、ひどいと上回る票を獲得しても、男子に会長の座を譲るよう言われた女子学生の話を何度も耳にしている。重要なポジションがさしたる理由もなしに、あるいはあきらかに男子だという理由で男性に振り当てられる体験を数多く重ねるうち、私たちは「男性が上のポジションのほうが自然」という感覚を身につけていく。それが企業での昇進差別につながり、差別された女性にさえ、それを至極当然と受け止めさせてしまう。

カフェで女性の店長と男子の学生バイトが作業をしていると、ごくあたりまえのように男子学生が店長と呼ばれてしまう、そんな話も同じだ。性別以外なんのヒントもないのに男性のほうを店長と確信する理由は、高い地位の女性と同じぶん、低い地位の男性も想像しにくいからである。コンビニで男性客に「おい、店長を呼んでこい」とタメ口で言われ、若い女性が作業の手を止めて「私が店長ですが、なにか」と対応したという痛快なエピソードも、すべて同じ文脈なのだ。

昇進差別：「とはいえ」と「それでも」

男性が低いポジションにいるせいで生じる不自然さは、「それでも」そろそろこのへんで、このくらいの年になったら、男なら、その程度の肩書はないと、みたいな暗黙の了解として具体化される。これをエレベーターと呼ぼう。このエレベーターは、前で見たように男性の前では常にしっかり作動しているエスカレーターにも乗れない男性向けの、追加的にポジションを保障する装置である。エスカレーターに乗り遅れたんですか。「それでも」男性なんだし、その場所にずっとっていうのもアレですよね。あちらにエレベーターをご用意しておりますので、どうぞお乗りください。

この「それでも」の威力を、女性があじわう「とはいえ」とくらべると違いは歴然だ。男性なら多少能力が低くても、かなりの欠点がない限り、「それでも」人柄は悪くないから、みたいな理由で数多くの関門をパスすることができる。他方女性は、かなりの欠点どころか十分有能だったとしても、「とはいえ」気が強い、とかいう理由で足止めを食らう。私たちはそんな場面をさんざん経験してきた。とはいえ性格がイマイチだ。それでもイケメンだから。とはいえ家事が苦手だ。それでも買春はしないから。とはいえ面倒くさい性格だ。それでも仕事は有能だから。とはいえ気が強すぎる。それでも背が高いから。合コンのときでも結婚相手を値踏みするときでも片方には厳密、片方にはいいかげんな物差しが、職場でだけ違うはずはない。男性なら大した理由もなしにありつけるポジションに、いざ女性がつこうとすると数多くの理由や数限りないチェックや努力が求められるのは、このそれぞれで異なる物差しが原因なのだ。

そうした現状がよりストレートに現れるのが、女性が大多数を占める職場である。いい例が学校だろう。男性教諭の場合、着任した直後からヒラの教員でいるより昇進することを期待される。正しいかどうかとは別に、校長、教頭がほぼ男性という学生時代を過ごした者全員のなかにそういう期待が存在する。正しい、あたりまえと考えようが、不合理、許せないと思っていようが、男性が上のポジションにいるほうが私たちには見慣れた景色なのである。そして、絶対に昇進を阻止しなければならないよほどの欠点でもないかぎり、期待は現実になる。

これを指す用語もすでにある。まさに「ガラスのエスカレーター」だ。(10) 女性が70％以上と、数のうえで女性優位の職場でも男性がより早く昇進し、より多くの賃金を受け取れるよう優遇する措置および現象をいう。たとえば、教育、看護、美容、相談などの職種に見られる。女性がハシゴをよじのぼっているあいだ、男性は見えないガラスのエスカレーターに乗って上までずう〜っと上がっていくというわけだ。この用語は、女性多数の職場で男性がスピーディーに昇進する意味に限定されているが、少数派の男性が早く昇進するから目につくだけのことで、性別比がどうであれ、男性が女性より早く昇進するのを目にする機会は一度や二度できかないだろう。

男性がほとんどの職場をサバイブするために、多くの女性が相当ながんばりを見せざるをえなかったエピソードと比べると、その逆、つまり女性が多数の職場であることは男性に不利には働かない。社員のほとんどが女性の職場において先に昇進し、管理職の地位につくのはほぼ男性である。だが、それが彼らの業績によるものとばかりは言えないのだ。「なんとなく男はこのくらいの待遇にしておくべき」という学習された合意が、優遇されていない男性を見ると居心地が悪くなる私たちの心理が、思いのほか大きく作用していることを認めたほうがいい。結果、ほとんどの働き手が女性であるにもかかわらず、上に立つ人間はほぼ男性という謎の構造が生じているという点も。

イギリスの広告基準協議会（ASA）も、最近似たような主張をしている。協議会は性別固定観念を強化する広告を規制することとし、そうした広告は「他者を見るまなざし、自身に対する視線に限界を設け、生の決定方式を制限する」と指摘した。[11] ここで問題にされている「生の決定方式」とは、ともすると「男の子だってバレエをしたりピンクの服を着たりしたっていい」的な好みの問題の小さな話に片づけられがちだ。好みの問題がけっして小さな話でないことはおいておくとしても、固定観念は、たとえば私たちが選ぶ服の種類といった水平的な幅だけではなく、職場でどんなポジションにつくべきかという垂直的な地位についてまで幅広く強大な影響力を行使する。ある社会が主に男性の社長と女性の秘書というイメージを消費し、それをあたりまえのことと思っている限り、そのイメージは実際に人が抱く期待や観念の形成にも影響する。そして、そうした固定観念は、何を学び何を着るかという選択の制限を超え、個人の経済力や生存にまで直接的にはたらきかけるのである。

私たちは賃金格差の話をするとき、同じ職級の男性と女性が同じ能力を持っているという前提で、職級で発生する格差だけをイメージしがちだ。なので、どうしたら女性がより高い職級に上がれるかばかりを話してしまう。もちろん、その点の解決にもしばらく時間はかかるだろう。だが確認しておきたいことは、前に見た固定観念が女性の昇進を積極的に妨害しているだけでなく、レベルに達していない男性まで昇進させてしまっているという点だ。彼がポストを与えられるとき、彼のせいで排除された女性は当然に経済的な不利益をこうむる。男性が「それでも男だし」という理由で手にする上乗せ賃金は、女性たちの差し引かれた賃金と無関係ではない。女性の失われた賃金を求めるには、同一職級での賃金格差だけでなく、その職級にいたるまでの不当なあつかいについても一緒に考えるべきなのだ。

(1) 全北日報「全州郵便局初　パク・チャルレ女性局長〈第四次産業革命にいち早く対応、地域経済活性化の先頭に立つ〉」2017年7月10日

(2) 朝鮮ドットコム「届けるメニューはどれも〈人生ドリンク〉……スターバックス飲料開発チームを率いるパク・ヒョンスクチームリーダー」2017年6月27日

(3) 女性新聞「〈国会〈ガラスの天井〉に阻まれる女性補佐官たち①〉4級では5・9%、9級では74%……職級別の差〈くっきり〉」2017年7月4日
(4) 梨花女子大学校リーダーシップ開発院企画、チャン・ピルファ他著『フェミニズム、リーダーシップをデザインする』トンニョク　2016年
(5) イートゥデイ「シン・スンチョル新韓銀行副頭取、〝私も「未生」のソン次長の時代がありましたよ〟」2017年6月12日
(6) イートゥデイ「大企業女性役員第1世代代表走者？　入社して最初の業務は清掃」2017年2月2日
(7) 韓国統計庁資料「2017統計に見る女性の生」
https://kostat.go.kr/portal/korea/kor_nw/1/1/index.board?bmode=read&aSeq=361305
(8) 毎日経済「大企業、ガラスの天井、依然……女性役員2・7%のみ」2017年7月26日
(9) アジア経済「女性だからと1250万ウォン少なくされ……携帯各社男女賃金格差、依然」2017年8月18日
(10) *Forbes*, "A New Obstacle For Professional Women: The Glass Escalator" 2012年5月21日
(11) 週刊京郷1238号、「広告の中の男女役割、やたらに決めつけるな」2017年8月8日

2

考課

「ふりだしに戻る」と「3つ前へ」

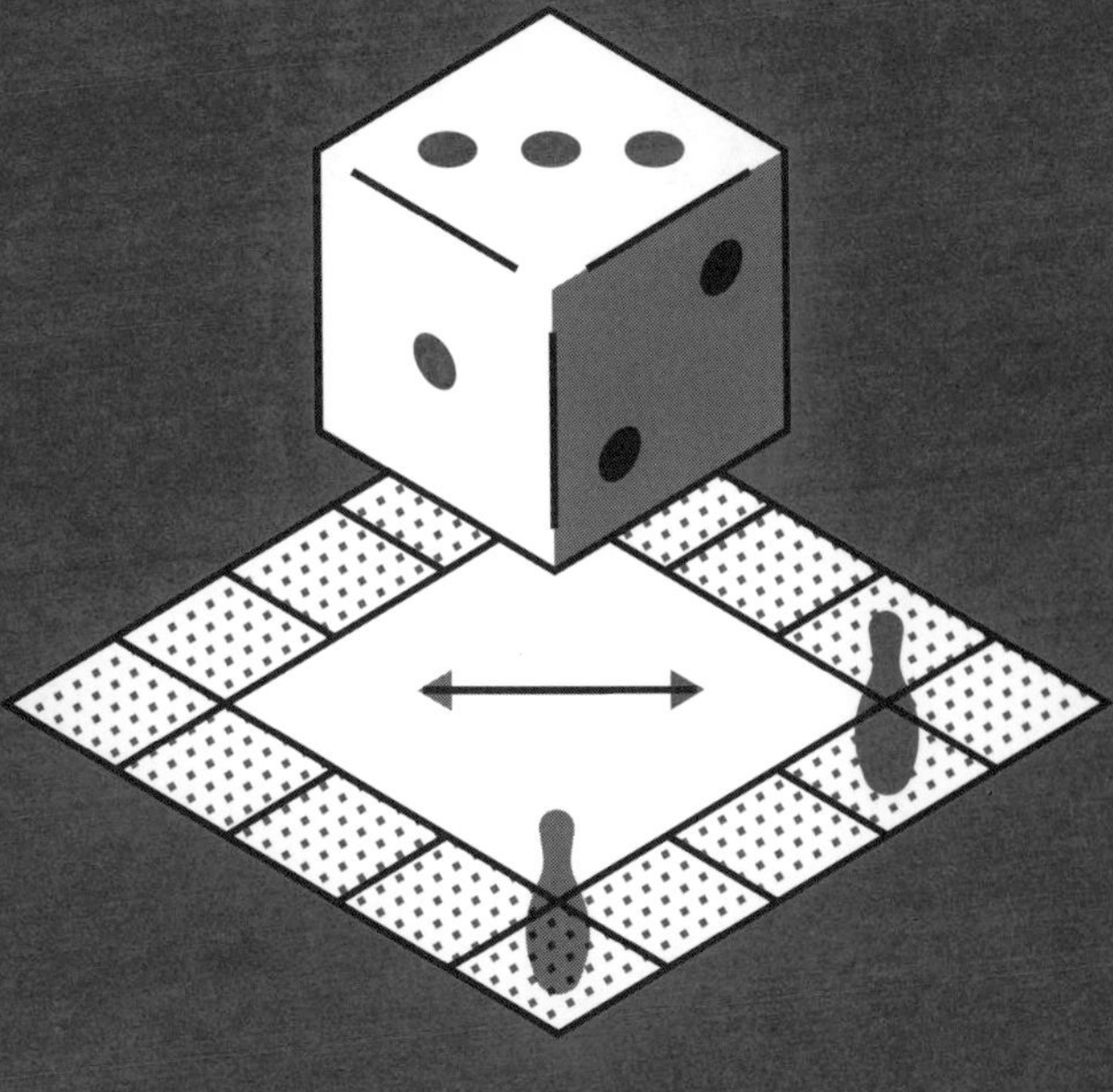

途中に「昇進コース」というマスが用意された人生ゲームを思い浮かべてみよう。女性と男性はこの大きなボードの上で、ゲームのルールに従い仕事をしながら前へ進む。だが、それぞれのゴールはけっしてゲームのサイコロのように公正な無作為で決まるわけではない。女性が「1つ進む」や「ふりだしに戻る」のマスに出くわしているとき、男性は「3つ前へ」進んでいるのだ。

男ならこのくらいのポジションにいなきゃ、という暗黙の期待は、基準に達していない男性を任意のポジションまで引きずり上げる役割を果たす。それだけではない。この期待によって彼は、実際そうあつかわれるにふさわしい男へとつくり上げられるのだ。最終的に成功をおさめられなければ次の策が用意されるし、そもそもそれ以前に成長の機会が優先的に与えられる。だから人間としての成長が可能になる。前にふれた内容と同様、「それでも」男性に重責をまかせるべきという不合理な決定は、いつのまにか彼の昇進を後押しする合理的な成果へと姿を変えているのである。もちろん、男性だから重責が与えられるべき理由はなにもない。そして、納得できるだけの理由がなにもないことが、差別の最大の特徴だ。

会社員生活とは直接リンクしないかもしれないが、どうやってさしたる理由もなしに男性側に重責がまかされるのかがよくわかるエピソードが1つある。私を含め15人の女性と1人の男性が、あるイベントの準備をしていたときのこと。特に職級のようなものもなく、みんなで一緒にイベント会場の後ろのほうに座りこみ、紙袋をたたむ作業をしていた。そんななか急に私たちの誰か1人がイベント主催側として来賓を出迎えるという管理者的な仕事をしなければならなくなった。紙袋をたたむよりはあきらかに責任の重い仕事だ。そして私たちの誰もが、たった1人の男性だった彼がその仕事に回るのが自然と考えた。自然だろうと考えることをけっして当然とも正当とも思っていない私でさえそうだった。彼にその仕事の適性があるか、その根拠はなにか、誰も尋ねなかった。彼もごく自然に立ち上がり、来賓を出迎えた。それはほんの数秒の出来事だった。ひたすら性別だけを理由に、水が高いところから低いところへ流れるように、自然に序列が決まったのである。15人いた女性の誰かがやろうと思えばできる状況でもあった。だが大事なことは、もしそうしていたら男性がすぐに立ち上がった場合とは違い、多少の不自然さが生まれただろうという点だ。

会社では、そんなふうにまかされた重責がひとまとめになって考課となり、昇進の根拠とされる。現代《ヒュンダイ》自動車光州全南《クァンジュチョンナム》エリアの統計を見ると、男性社員35人中、職級が1等級以上昇進していない男性は1人もいないのに、女性社員は全43人の半分を超える22人が、入社から15年が経過してもあいかわらず最下位の職級のままだった。このことが問題になったときの会社側の主張は、「男性のほうがより多くの業務をこなし、重要な仕事を担当

している から」 というものだった。(1)

「偏った認定」と「機会の不平等」の循環サークル

考課と言ったが、一般企業以外でも似たようなことは常に起きている。1つの例が作家である。考課や昇進がないかわり、成果や評価によってポジションが上がるこの職業は、能力に応じて公平にあつかわれると思われがちだ。本が売れるほど決まった印税が手に入るからである。だがよく見ると作家というのは、男性の偏った評価の後押しによって高いポジションにつくべき人間が決まる、そのプロセスが非常にわかりやすい職種である。

作家は作品を通じて成果をあげ、認められていく。ところがこの、成果が評価され、認定という見返りを生むプロセスで、任意の歪曲が発生する。作品への主観的な評価が、部数という客観的な数値をくつがえしたり左右したりという力を発揮するのだ。そうした主観的な評価で得をするのは、たいていが男性である。それによって男性は作家への道にアクセスしやすくなり、重要な作家になる足場を早く築くことができる。なぜ、任意で得をする側はここでも男性なのだろう？　大きな理由の1つは、その主観的な評価を下す人間のほとんどが男性だからである。

誰が偉大か、偉大だとすればどれほど偉大か、どんなポジションを与えられるべき人物か。それを男性が決めているとき、名声と人望を手にするチャンスをいち早くつかめるのもまた男性だ。そうやって居場所を確保した男性が、今度は評価する側になる。男性が多くを占め、多くの力を持つ業界では、男性のほうが簡単にキャリアをスタートできて早く伸びる。写真界のように業界内の徒弟制で成長していく場合は特にこの傾向が強い。相対的に収入規模が大きい商業写真では、男性の弟子が男性の師に成功の足がかりとなりそうな仕事をまかされ、評価され、認められ、地位を築いていく。一方女性の成功は例外的で部分的とあつかわれ、周縁におかれる。その女性が実際に大きな反響を得ていても、反響が評価にきちんと反映されることはない。それだけでなく、女性の成功だというだけで普遍的なものにはなりえないというあつかいを受ける。

女性が女性だというだけで不当に評価を切り下げられる歴史は長い。ジョルジュ・サンド、シャーロット・ブロンテといった偉大な文豪が性別を偽って男性名で出版したのも、そうした「女性の成功は例外的」というガチガチの先入観から逃れるためだった。2017年現在、全世界での発行部数4億5千万部、映画売上累計77億ドル、韓国でも文学史上最大部数という新記録を打ち立てた『ハリー・ポッター』シリーズの著者、ジョアン・ローリングも同じだ。作品の投稿を始めた当初はしじゅう原稿を突き返されていたローリングが今の地位についたのは、女性だとオープンにしないほうがいいという出版社のすすめで「J・K・ローリング」というペンネームにしてからのことである。

男性作家のパク・ボムシンが女性作家チョン・ユジョンのベストセラー小説『7年の夜』に対し、「女性作家が陥りがちないくつかの文学的な陥穽を十分に飛び越えた[2]」ということばを賛辞として寄せているのを見ても、J・K・ローリングをはじめとした女性の作家が何を避けようとしていたかわかるだろう。『7年の夜』は著者がほとんど無名にもかかわらず、韓国文学で——同じ女性作家である——申京淑《シン・ギョンスク》（訳注＝2008年刊行の小説『母をお願い』は、韓国国内で売上200万部を突破、韓国の文学作品としてはじめてニューヨークタイムズのベストセラー入りを果たした）の次にヒットを飛ばし、なんと15社から映画化のオファーが持ち込まれ、1億ウォンという最高水準の原作料が支払われて映画化された作品である。(3) にもかかわらず、「女性特有の限界を乗り越え」、ようやく男性作家と同じラインに立つ資格ができたといわんばかりの評価を聞かされるのだ。誰も無視できないレベルの成功をおさめてはじめて、「女性の限界」を突破し、普遍的な資格を手に入れる。もちろん男性の側は、この普遍という価値をはじめから手にしている。

たまにちょっと時間が経ってから評価されるということもあるが、コ・ジョンソクをはじめとする男性文学者は、随筆家のチョン・ヘリンがかつて韓国社会に引き起こした反響や成功について「あれはたいしたことがなかった」と時間差でこきおろした。(4) 2017年でいちばん多く売れた小説『82年生まれ、キム・ジヨン』（邦訳　斎藤真理子訳　筑摩書房　2018年）も、一部からは「文学的でない」とされている。

このように、ある分野で目覚ましい成功をおさめた女性が登場すると、社会は次のような反応を見せる。まずは他の女性の集団とは別の、たまたま現れた例外あつかいをする。そしてそうあつかい続けることで、歴史上の女性の成功を永遠に一時的なもの、散発的なものと決めつける。同時に、なんとかして成功の理由を本人の力量以外の部分に見つけ出そうとする。タイミングがよかった、題材がよかった、手腕がまあまあだった、ラッキーだった……。色仕掛けだった、というのもお決まりのネタだ。成功するために女を使わないはずがない、という疑問がさしはさまれるとき、つくづく叩かれているのが女性なのだと感じる。成功の理由を本人の力量と判断するのがいちばん簡単なのに、だ。あるいはひとこと添えて成功を部分的なものとしか認めない。「とはいえ、非常に感傷的だ」「だが、それは文学ではない」などなど。万が一これが男性だったら、女性に対して評価の切り下げ要因となったことはすべて「とにもかくにも成功を導いた要因」と認定され、その男性の能力を高く評価する材料に使われていたはずだ。年間売上トップの男性小説家の作品が既存の文学と違ったら「これは文学ではない」と言われるかわりに新たなジャンルを切り開く信号弾だと持ち上げられ、むしろ高評価を受けていた確率が高いだろう。

成功をおとしめる言い方はさまざまあるが、そのなかに「女が好きそうなもの」という評価がある。この言い回しはある種の成功をけなしたいときの理由に使われる。そしてまた、男性の成功をおとしめたいときも活用される。つまり、女性に人気があったり女性の反応がよかったりする作品は、それが男性の創作物であってもまともな評価が得られないのである。ある成功が「真っ当」と認定されるには、男性の関心、男性の基準を満たしていなければならないからだ。男性の好みを充足させるものは普遍的で芸術的だが、女性の観点があらわれた作品は「女性用」で普遍的なものにはなりえないとされ、格下げされる。したがってある作品やジャンルが成功したとき、その背景に女性からの圧倒的な支持があったことが表に出るのは、あまり喜ばしいことではない。高い確率で男性からの否定的な評価や価値の切り下げがついてくるからである。ミュージカルや映画など、主たるマーケットが女性の産業でさえ少数の男性評価者の認定にしがみつくのはそのためだ。「女性」という性別は、生産者の立場でも消費者の立場でも、真っ当な認定を受けようとした場合のリスク要因となる。

このように、もっぱら女性であることを理由に成功が陰に隠される現象を「マチルダ効果（Matilda Effect）」[(5)]という。例をあげよう。大衆性と作品性という価値は、常に両立するとは限らない。むしろ、前者と後者は共存できないと思われがちであり、それは男性の創作物にもあてはまる。だが、大衆性と作品性の基準が作用した結果に目を向けると、女性に与えられる認定がどれほどケチくさいものかわかる。男性の場合、大衆性だろうが作品性だろうが、とにかく認められれば待遇がよくなり、足場を固めることができる。大衆的な成功をおさめればちょっとやそっとではポジションが危うくなることはなくなるし、作品性を認められたならあちこちからオファーが入り、名前が売れ、いろいろなところに足がかりができ、さほどかからずに業界の安定軌道に乗る。片方で成功すればもう片方の成功もそこそこついてくるわけだ。他方、女性の場合、2つのうちどちらか1つを手に入れることも男性より大変なだけでなく、究極、どちらかを選ばされてしまう。大衆的な成功をおさめれば、その名前と作品に傷をつけようとする世論の攻撃に絶えずさらされる。大衆的ではないが作品性や実力を業界で認められた場合はどうか。男性にくらべ業界やメディアのサポートは少ない。だから名前は外に広まらず、次のチャンスになかなか恵まれず、軌道に乗るどころかすでに成功をおさめた場所での承認もいつ失うかわからない、エンドレスな実験台に立たされることになる。

有能な女性なのに大衆の認知度は低く、知る人ぞ知る実力派というあつかいにされてしまうのは、ほとんどの職種で評価する側、目をかける立場が主に男性だということとやはり無関係ではない。誰の成果を認め、記録に残し、支持するか。そして誰の成果を無視するか。それを決定する彼らの存在は大きい。一時的に大成功をおさめ名をとどろかせた女性が、気がつけば歴史の表舞台から姿を消しているのはそういう理由からである。なにかを成しとげた女性は、ミスを犯したとたんにあっという間に葬り去られ、ミスを犯していなくても簡単に汚名を着せられ、さしたる理由もないまま正当な評価をされずじまいで忘れられていく。そうやって忘れられた女性のなかには、やりとげた仕事ではなく、つけられた汚点だけで後世に名を遺すケースも多い。

もちろん、成果がどう評価され、評価がどう認定につながるかとは関係なく、作家には1冊ごとにいくらと決まった割合の印税が支払われる。だが1つの作品の評価は次の仕事にも影響する。その作家が作家として活動することで手にする所得は、成果、認定、評価によって大きく左右されるのだ。特別講演を頼まれたときいくらの講演料を提示されるか、教授と非常勤講師どちらのポジションをまかされるか、その時代を代表する作家と評価されるか、一国の文化政策を決める地位についてほしいと提案されるか。それらの基準は男性をメインにした評価体系と密接に結びついており、すべてが経済力と直結する。大きな講演に誰を呼び、どれくらい支払い、どんな待遇をし、どんな役職を与えるのかの決定に、性別は大きく影響する。ここにあげた内容は作家の本業ではないとしても、1人の人間の経済力にけっして少なくない割合で作用し、業界での地位をかたちづくっているものだ。そしてあきらかに、このプロセスでは男性のほうにメリットがある。

より多くのチャンスに恵まれ、キャリアを築き、するとそのせいでますます認定や支援が得られやすくなるという傾向を「マシュー効果（Matthew Effect）」(6)と呼ぶ。マシュー効果によって機会の不平等は認定の不平等になり、経済力の差になる。男性がハロー効果（訳注＝ある対象を評価する際、目立った特徴に引きずられて他の特徴への評価が歪められること）を踏みしめながらゆっくりと自分の足場を広げているあいだ、女性はどうしているだろう？

そういう男性たちを妬んでいる。数人の女性の映画俳優たちが打ち明けた苦悩が、その一例だ。男性俳優について、こんなことを語っている。「男性俳優ばかりキャスティングされるから、彼らは再来年まで作品が決まっている。どんなに幸せだろう。うらやましくてしかたない。休みたくなくても休まざるをえないし、ほとほとうんざり(7)」、「観客数も増えて1000万人動員の映画も多くなっているのに、男性中心の世界観、歴史観、視点満載の映画ばかり」[8]、「男性の役割をうらやましいと思ったことは1度や2度ではきかない」[9]。この役者たちは、自分の実力不足でシナリオがもらえないことを性差別のせいにしているのだろうか？　それぞれ、韓国の有名俳優、チョン・ドヨン、ムン・ソリ、コン・ヒョジンである。そもそも女性の登場人物が少数に制限された韓国映画界において、女性が実力を発揮できる機会自体、ごくわずかである。この3人の俳優はすでに韓国映画界のトップスターだが、もし男性俳優と同じだけオファーを受け、キャスティングされていたなら。もっといい役者に成長し、映画史の重要人物になり、より高いギャラを手にしていただろう。

男性生計扶養者モデル

男性に重責をまかせなければならない当然の理由はないけれど、どうにもそっちのほうが自然な気がする、という感覚。もっと言うとそちらのほうが正しい決定のはず、という思い込み。言いかえれば、すでに存在しているありようをそのまま存続させたいという思いが動機となり、決定を導きだす。制度が撤廃されても慣行が続いていく理由だ。そこにまことしやかな大義名分まで加わればより好都合。たとえば、男性は一家の家長だからという理屈は男性に機会と地位、より多くの賃金を与える非常にいい理由になる。家長だから、養わなければならない妻子がいるから、ときにはもっと露骨に、男の甲斐性のため。未婚の場合、男性は結婚すると金がかかるからという名目がある。

こうした状況を「男性生計扶養者モデル」ということばで説明することができる。もっぱら男性が生計を支え、女性は家庭で子育てを担うと想定したこのモデルは、すっかりおなじみのものだ。そう言われると、差別的な部分はあるものの逆らいがたい不変の真理のように思えてくる。だが、人間の行動半径を家の内と外、つまり私的な領域と公的な領域に分け、女性と男性をそれぞれの領域に固定しようとする試みは産業資本主義の産物だ。[10] 1つの発明品にすぎないのである。韓国の場合、このモデルは朴正熙《パク・チョンヒ》政権時代に積極的に採用された。[11] 国家の発展事業に男性を優先的に動員し、「家族賃金」という名目で男性に追加の賃金を支払うというやり方だった。

しかし、現在このモデルは急速に力を失いつつある。社会ではだいぶ前から結婚後も夫婦が共働きをするのが当たり前になっているし、結婚をせずにひとりで暮らす単身者世帯の割合は増加し続けている。世帯主が女性の割合は2017年に入ってはじめて30%を超え、[12]今後も増えていく見通しだ。女性が世帯主になった理由は死別、離婚、結婚をしないなどさまざまだが、共通点があるとすればすべての属性で増加傾向にあること。特に、離婚は日に日に増加している。ひとり親家庭で父親が子育てをしているケースは約20%にすぎない。[13]家族の形態がこれほど変わってきているなか、「男性は家長じゃないか」ということばは、慣習によりかかった怠惰な弁明でしかない。

また、女性の活動を家庭のなかに限定しようという社会的な圧力が今より強かった過去も、女性は常に賃金労働をしていた。針仕事の内職やよその家の集まりでの手伝いに始まって、封筒貼り、人形の目玉つけと、家庭の主婦と呼ばれる女性たちも経済的な交換価値を持つ労働をやめなかった。1990年の資料を見ると、ある低所得階層地域に住む主婦たちは平均7・7時間賃金労働をしている。[14]ことばにすれば「副業」だが、労働時間は工場労働者と同様だった。だが賃金水準は製造業の工場に勤める既婚女性労働者の賃金の52・8％でしかなかった。既婚の男性労働者に比べれば低い賃金の女性労働者の、さらに半分ほどの賃金しか受け取れなかったのである。

「一銭でも足しにしたいと」「おかずを一品増やそうと」という表現で格下あつかいされてきた女性たちの賃金労働だが、それは常に存在していた。朴正煕大統領の政権時代をとって見ても、国家発展の主動力となった産業、カツラ製造（訳注＝韓国では経済開発初期にあたる1960年代後半から70年代はじめまで、カツラが主力輸出商品だった）と繊維分野の従事者は、ほとんどが女性だった。にもかかわらず当時、国家成長の主役だ、産業の担い手だと持ち上げられていたのが男性だったように、単に目につかないだけなのだ。つまり、男性の高賃金とスピード昇進を正当化する男性生計扶養者モデルは、さまざまな家族の形態の1つだっただけで、あっというまに時代遅れになったうえに、そもそもすべての現実をふまえたことはなかった。

だとしても、家長が男性の家庭は多いんだし、扶養家族のためにもそういう配慮には妥当なところがあるのでは？　もちろんない。疑問に思うなら、次の統計を見てほしい。男性にあたりまえのように機会と高賃金が与えられるとき、実質的な家長が誰かはまったく考慮されていない。男性生計扶養者モデルの失敗は、非婚男性に「男なら必ず結婚するだろう」という無駄な期待をかけて恩恵を与え、早く昇進させ、同じ非婚女性が手にすることのできないような富を授けることにばかり現れるわけではない。「男性が妻子を扶養すべき」という通念によって大きな恩恵を得ているのは、実はゲイカップルである。統計によると、ゲイカップルは異性愛のカップルより早く持ち家を取得する。ソウルで毎月の家賃を払って借家暮らしをする人が1億ウォンのチョンセ（訳注＝韓国独自の不動産賃貸システムで、入居時にまとまった保証金「チョンセ」を大家に預ける仕組み。それによって毎月の家賃の支払いはなくなる。チョンセは退去時に全額返還される）資金を確保しようとした場合、ゲイカップルは2・85年、異性愛者カップルが4・38年、レズビアンカップルは9・43年かかる。(15) だが、生計扶養者モデルが見掛け倒しの言い訳であることをよりはっきり証明してくれるのがシングルマザーの賃金だ。シングルマザーは職場で、生計扶養者だからと昇進させてもらったり、あるいは給与を上げてもらったりという恩恵を得ているだろうか？　むしろシングルマザーであることを理由に、職場の冷たい視線や不安定な雇用に悩まされるケースが多く見られる。離婚後に養育費を請求する親の87%が母親だという結果も考え合わせると、男性よりもはるかに多くの女性が、一緒に子どもをもうけた相手が最低限の義務も果たさないなかで、一手に子育てを担っていることがわかる。ところが、養育費をもらえず、かつ家長とも認められないシングルマザーとは逆に男性はというと、養育費を払っていなくても職場ではとっくに家長あつかいされ、あるいは再び家長になるだろうと期待をかけられるのだ。だから、もしある会社が本気で社員の家族の扶養に力を貸したいと思うなら、むしろ男性ばかりに昇進の機会を与えることを即刻止めるべきだ。すでに私たちは、性別だけではその労働者が生計を支えて家族を扶養しているかいないか、あるいは、生きているうちに誰かの生計扶養者になるかならないか、まったく推測できない時代にいるのである。

男性が男性であるという条件以外はなにも訊かれず、問われず、公平に家長として待遇されているあいだ、女性はどんな道を歩まされるのだろう。それが端的にわかる研究がある。高麗《コリョ》大学校ロシア語ロシア文学科92年度入学の卒業生50人を対象に、卒業から20年間の軌跡を追跡調査したところ、卒業直後は女性と男性のほとんどが大企業に入社していた。

数年後、女性にのみ少なくない数で家庭教師やパート転職者が出現した。最初の職場と現在の仕事には多少の違いはあってもほとんど無関係で、退職理由は判で押したように同じ。出産と育児のため、だ。キャリアが断絶されたのである。一方男性は大多数が最初の職場に勤め続けてキャリアを重ねていた。(17)

結婚して子どもがいることは、男性労働者にとっては昇進の根拠になるが、女性労働者には昇進の不利益になる。女性が実質的な家長であってもそれは同じだ。現在韓国では、出産および育児休暇を取得して復職した女性には不利益があるという企業が45・6％にも上る。(18)なんと、企業の人事担当者がそう回答しているのだ。その際女性があじわう不利益の種類は退職強要から年俸の削減、ポストを外されることまでさまざまだ。しばらく席を空けていたのだから、責任のある仕事はもうまかせられない。そんなかたちであからさまに、あるいは暗に不利益を受け入れるよう求められることがしょっちゅうある。育児休暇を取得したという理由で、そもそも昇進の対象から外されることもある。ＬＧ生活健康（訳注＝韓国の大手生活用品・化粧品会社）を例にあげると、女性社員が育児休暇を6カ月以上取得した場合、マネージャー職を追われたり、遠方への転勤命令が下された。遠くの売り場に異動になると月収の差は100万ウォン以上になった。またLGは、法で保障されている妊婦の1日あたり2時間の勤務時間短縮申請を受理しなかった。[19] それどころか臨月の妊婦に倉庫での作業や延長勤務をさせ、出産予定日を1カ月後に控えた社員がひどい出血にみまわれるという事態まで引き起こしている。女性はしかるべき配慮を得られないだけでなく、出産休暇を取得して会社に損害を与えたと睨まれもするのである。国家があれほど出産をすすめ、家族の共働きを当然視しているにもかかわらず、出産し、会社にもかよう女性はお荷物あつかいなのだ。

キャリア断絶

韓国女性のキャリア断絶は、M字カーブで示される。女性の経済活動参加率は高いところからスタートしてガクンと急降下し、再び上昇する。会社員だったが出産前後に退職、やがてまた賃金労働に飛びこむのだ。参考までに、M字カーブを描く女性の経済活動参加率が頂点に達する年齢は29歳である。

ところが、キャリア断絶後の女性たちが再就職できるよう自治体が創出した雇用のうち、もっとも多くの予算がさかれた職種はケア労働だった。[20] 退職前にどんな分野で仕事をしていようが、もはやただの母親、母性こそ適性なりとあつかわれた結果である。予算が集中投下されたもう1つの職種が美容だ。こちらもやはり女性という性別を念頭においている。再就職に成功した女性たちは、キャリア断絶前に比べ平均月28万ウォンほど収入が減少した。キャリアを断絶することなく仕事をし続けていた女性たちに比べると、月76万ウォン低い額だ。[21] 高学歴の女性も例外ではない。実は、キャリア断絶女性にとって、高い学歴は再就職にかえって足かせになる。出産によってキャリア断絶を経験した女性に提示される仕事口は、所得水準が低く条件が悪いため、ハイスペックな女性とマッチしないのである。[22] たとえば理系の女性はそもそも復帰をあきらめる場合が多く、経済活動参加率グラフはL字型になる。科学技術の分野で、出産および育児によりキャリアが断絶された女性は30万人を超える。[23] 出産後に職場に復帰すれば不利益をこうむり、退職後再就職にトライしても、ほとんどが以前よりいいとはいえない仕事を探すことになる。それまでのキャリアを自然に生かして昇進する、というのはめったにないことだ。

だったら一生独身を宣言すれば、女性も責任のある業務をあたりまえに任され、昇進に必要なだけの業績を出せるのではないか？　いぜん、答えはノーだ。結婚しない女性も、あらかじめ責任のあるポストから外すという動きがある。いずれは結婚して退職したり、出産したりするかもしれないから、である。すでに似た職種でキャリアを断絶した女性がいることをあたかも根拠のように示し、たった今キャリアが始まったばかりの者の未来を予言するというわけだ。このように女性のキャリア断絶は、単に出産の予定があったり、出産した女性だけに影響する問題ではない。

野望なき女たち？

キャリア断絶という現象が深刻なため、それが性別による賃金差別の唯一の原因のように思われたりするが、事実ではない。こうした深刻な現象でさえすべてを説明しきれないことが、私たちに賃金差別の圧倒的な根の深さを教えてくれている。賃金差別の話になるとよく言われるもうひとつの主張が「女性は仕事ができないし、一生懸命やろうとしない」というヤツだ。比較的目につきやすいキャリア断絶の問題に比べ、こちらのほうは曖昧で、証明しづらくて、悪意に利用されている。

この社会にどんな制度があり、偏見があるか。それを考察しておかないと、女性がなかなか昇進できないのは能力が足りないからでしかたのない処遇だし、男性の昇進が女性より早いのは男性のほうがきちんと一生懸命仕事をするからであって公正な報いだ、と考えるようになる。最近、Googleのあるエンジニアが、生物学的に女性には野望がなく、男性にはリーダーシップがある、だから賃金格差が発生するのだというメモを社内で共有したことがあった。(24) この人物は即刻、解雇された。前の章で、昇進しようという野望を持つ女性が徹底的な排除にあい、男性より多くの努力を傾けざるを得なかった事例を紹介した。あの女性たちは、単に女性だというだけで不利益をこうむり、女性は劣っているという偏見のせいで何倍もの能力を証明しなければならなかった。続いて今度は「女は野望がないから」昇進から排除される、という主張だ。女性の特徴をひとくくりにして、女性がこうむる賃金差別の原因を女性自身のせいにするという点では双方似たりよったりだが、今度のヤツは「女性は劣る」という偏見のときよりさらに複合的に見ていくべきだろう。

仕事に情熱的に取り組まず、仕事をするのが得意でもないという女性は確かに存在する。差別について話そうとするとき、私たちはそういう女性たちをなんとか弁護したり、あるいは存在を否認しなければと思いがちである。だが、女性という性別を劣ったものとあつかう不当さと戦うとき、全女性がデキる女だと言う必要はないのだ。どうせ、女性だというだけで昇進させられることなんか起きないんだから。一方、男性は業績に関係なく、ただもう男性だというだけでしょっちゅう女性を押しのけていく。「差別」ということばはそういうときに使われるべきである。職場での性差別は、仕事をしっかり必死にやっていない女性を発見したときではなく、女性がただ女性であるという理由で、あきらかに業績をあげている男性を押しのけ昇進する事例が発見されたとき、今と違うかたちで議論することができる。

もうひとつ確認しておきたいのは、女性が男性にくらべて昇進に欲を見せない傾向があるとするならそれはなぜか、ということである。実際、女性に昇進をあきらめさせた原因がまさに職場の性差別だった、ということは多い。多くの女性が入社当初から、極端に女性上司の少ない環境で社会人生活を始める。女性上司たちはみな一様に超人的に有能だったり、特別あつかいされていたり。と同時に、男性に比べ一人前にあつかわれていない状況を目の当たりにする。そんな環境のなか、女性と男性ではどちらのほうが上司になった自分をイメージしやすく、野望を抱きやすいだろう？　死ぬほどやってようやく、ほんのわずかの成果を手にすることができる。あるいは、死ぬほどやったってなんの見返りもないかもしれない。そんな現実を前に野望を捨てる決断を下す人を、私たちは合理的な人間と呼ぶはずだ。進入路が遮断されているのを見てそれ以上進むのをあきらめた女性の決断を、完璧に個人の選択だとする態度には相当な欺瞞がある。

誰が「認められる仕事」をするか

女性が仕事をしたがらないと思われている一因に、女性に目立つ仕事が回ってこないということがある。前にふれたように、私たちの社会には重責のある仕事を男性に優先的に回し、それを当然だと受け止める傾向がある。では男性が重要な仕事をまかされているあいだ、女性はただ休んでいるのだろうか？　ほとんどの場合、ささやかで人目につきづらい、しかし誰かがやらなければいけない仕事、絶対に欠かせないのにスポットライトとは無縁の仕事をしているのだ。前に紹介した私たちのイベントでのエピソードの結末を言うと、来賓の出迎えをまかされた男性は主催者から「キミのおかげで無事イベントを終了できたよ」と別途お礼を言われていた。紙袋をたたみ、重い物を運び、掃除をし、休む間もなく労働していた残りの女性たちにかけられたことばは「みんな、おつかれ〜」だ。もし私たちが駆けずり回ってやっていた作業のどれか1つでも止めていたら、その場でイベントは中断されたはずである。だが、その日私たちに割り当てられた仕事のなかでは来賓の出迎えだけが唯一見栄えのする仕事であり、と同時にもっとも労力のかからない仕事でもあった。

もちろん、男性がまかされる「重責」が実際にハードな仕事のこともある。唐突かもしれないが、頭に浮かぶのは学校で行った合宿で肉を焼く係になり、「ご苦労様」「おかげでおいしかったよ」とヨイショされていた男の先輩の姿だ。煙と格闘しながら肉を焼く作業はどう考えても立ったまま来賓に挨拶する仕事よりはキツいだろう。だが共通点があるとすれば、どちらも目につく仕事なことだ。誰かがこれ見よがしに肉を焼いているあいだ、あちこち忙しく走り回り、スプーンや箸や皿を用意し、米を炊き、酒やつまみを準備し、皿洗いの作業をさせられるのはだいたいの場合誰だろう？　そういう作業だってやはりラクではない。肉を焼く係が他になにもしていなくてもその日いちばんの大仕事をしたみたいに言われることを考えると、ますますそう思う。会社でコーヒーをいれる仕事、領収書の処理をする仕事、くりかえされる整理整頓や事務用品の補充や会食会場の予約といったこと。業務との関連が薄くても誰かが継続的にやらなければならないそうした仕事を担当してストレスがたまるという知人女性の証言には枚挙に暇がない。「だけど、そういう仕事は女性が向いてるからね」と女性に振り、だがもちろん、その仕事ぶりは業務遂行能力の評価にはつながらないのである。

職場で男性が女性より長時間、女性より大変な仕事をしているとしても、それはだいたい報償や評価につながる仕事だ。単純に女性保護という次元で大変な業務から女性を外しているのだとしても、報償を手にする機会からの排除につながるという点では同じ。主に男性にまかされている「目につく仕事」が実際に大変だろうがそうでなかろうが、あきらかなのは男性が相対的に認められる仕事をし、女性はハードか否かにかかわらず多くの場合目立たない仕事をあてられるということである。

女性なら誰もが大きな野望を抱いているわけではないかもしれないが、女性が昇進できないのは野望がなくて仕事をしないから、という言い方は間違っている。おまけに、それが生物学的な特性だという主張はもってのほかである。女性と男性は単に性別のせいで、それチャンスにつながる仕事へのアクセス度が異なる。そうした環境で、女性たちは与えられた仕事をしながら自らの手で野望を押さえこみ、妥協を重ねる。そのあいだ男性のほうは、むしろありもしなかった野望を持つようになり、構造的な激励のなかで生まれてはじめてのリーダーシップを発揮したりするわけだ。

野望が人生に不可欠な要素ではないとしても、昇進に大きくひびき、賃金に多大な影響を与えるとすれば、次のような問いを立てる必要がある。もし女性が仕事で差別されていなかったら、入社直後の女性は自分の昇進の可能性をどう見きわめ、どれくらいの野望を抱いただろうか？　あるいは、今とは逆に女性であるせいでチャンスが増えていたなら、今とは逆に努力が評価されていたなら、女性と男性は、職場でどんな地位を占めていただろうか。

エスカレーターの前でさえ、女性と男性には差別がある。そして女性はエスカレーターの前で、自分の前にあるものがエスカレーターでないこと、停止したただの階段であることに気づかされる。どこかのタイミングでエレベーターに乗るチャンスを与えられ一気に上階へ昇っていく男性は論外としても、女性と男性では同じ階にたどり着ける確率自体が、そして、そのために必要とされる能力が、あきらかに違うのだ。その点を考えれば、女性が失われた賃金を求めるための比較対象は、自分と同一の職級にある男性ではない。

(1)　Redian「女性だから昇進できなかった人集まれ」２００６年11月29日

(2) チョン・ユジョン『7年の夜』ウネンナム　2011年（邦訳『七年の夜』カン・バンファ訳　書肆侃侃房　2017年）
(3) 朝鮮ドットコム「〈3無小説家〉、チョン・ユジョン突風」2011年5月30日
(4) 『ハンギョレ21』1170号「女性を〈記憶〉し〈記録〉する」2017年7月11日
(5) https://womenscience.wordpress.com/gender-stereotypes/matilda-effect
(6) http://www.psychologyconcepts.com/matthew-effect/
(7) ノーカットニュース「〈カンヌの女王〉でなく〈俳優〉……チョン・ドヨンの20年　探求報告書」2017年7月18日
(8) TV Report「ムン・ソリ〝忠武路の男性中心主義的な世界観、もどかしい〟」2014年12月4日
(9) 世界日報「『ミッシング』コン・ヒョジン〝撮影現場にいくだけでフェミニストになる〟」2016年12月7日
(10) キム・ヘギョンほか『家族と親密性の社会学』タサン出版社　2014年
(11) ムン・スンスク『軍事主義に閉じ込められた近代』トハナエムナ　2007年
(12) 韓国統計庁資料「2017統計に見る女性の生」https://kostat.go.kr/portal/korea/kor_nw/1/1/index.board?bmode=read&aSeq=361305

(13) ハンギョレ「低所得・長時間労働で1人きりの子育て……〈ひとり親〉56万人　疲弊する生」２０１６年3月22日
(14) 中央日報「主婦家内副業、安すぎる労賃　女性開発院 ソウル市の低所得階層地域８０５0人を調査」１９９０年2月7日
(15) e-ナラ指標サイト統計　http://index.go.kr/potal/main/EachDtlPageDetail.do?idx_cd=2714
(16) ニュースピム「養育費を渡さないひどいパパ、ママの7倍」２０１７年3月24日
(17) SBSスペシャル、E.439「ママの戦争」
(18) 韓国日報「企業45・6%、〈育児休暇・出産休暇使用時、不利益を与える〉」２０１７年4月26日
(19) クッキーニュース「LG生活健康、女性のための企業はホントか……女性社員の妊娠、出産に不利益」２０１７年9月28日
(20) マネートゥデイ「〈ケア労働だけが女性の仕事口?〉キャリアアップできない、低賃金業種〈あたりまえ〉」２０１７年1月20日
(21) 女性家族部「２０１７　キャリア断絶女性などの経済活動実態調査」
(22) チャン・ソヨン「高学歴キャリア断絶女性の労働市場再進出過程に関する質的研究」２００８年

(23) ネクストデイリー「理工系キャリア断絶女性、年２３００万ウォン支援とキャリア復帰の道開く」２０１７年２月21日

(24) *Boursier.com*, "Sexisme: Google tente d'éteindrel'incendie" ２０１７年８月８日

3

同一職級

傾いた床

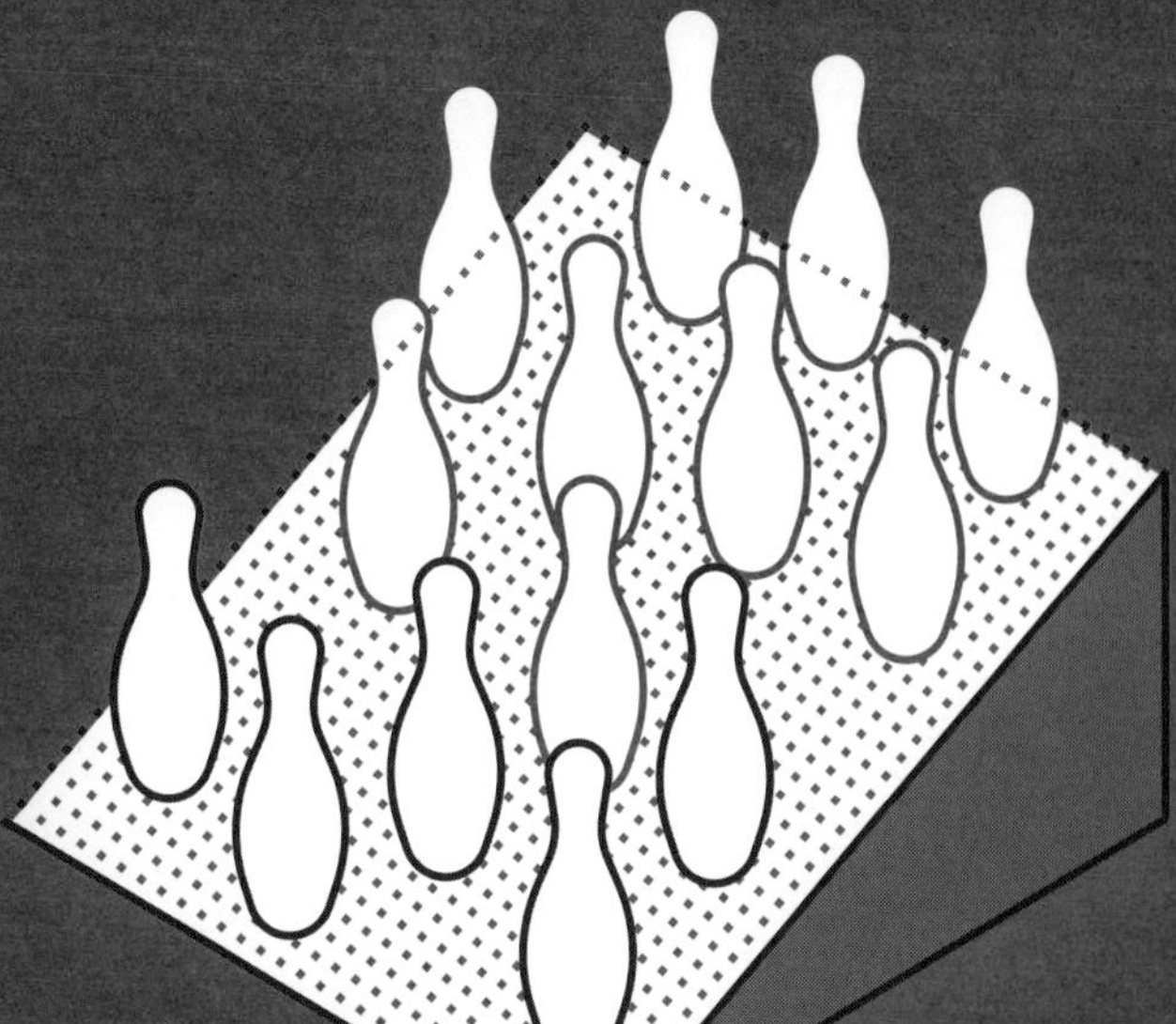

止まっているエスカレーターを駆けのぼって、やっとの思いで次の階に到着した。ところが、フロアの階数が賃金の高さを意味するこの場所は、床がやや斜めに傾いていることがわかる。

そして、低いほうに集まっているのは、たいてい女性たちなのだ。

異なる賃金

制定から30年を越える韓国の男女雇用平等法。この法が1987年の制定当時、原則として打ち立てたことの1つが、「同一価値労働に同一賃金を与える」だった。ところがいぜんこの原則はきちんと守られていない。あいかわらず女性のほうが低賃金だ。同じ職級での賃金格差については雇用形態や職種を問わずさまざまなエピソードがあるが、共通しているのは「男性がより稼ぐべき」という主張のせいで反射的に女性が不当な待遇になること、だけではない。女性と男性が同じ仕事をできないよう、わざと差を設けているらしいのだ。韓国社会に賃金格差が生じる要因のうち、最多の60％を占めたのが本当に「なんとなく」だったという研究結果もある。(1)

同一の労働に等しい賃金を与えるという義務が法に定められているにもかかわらず、あえて法を犯してまで男性に高い給料を払うという決定を下す。そこだけ見れば到底理解不能である。そうした不当な決定と向き合うには、今日どこかで下された決定をひたすら今日の状況だけで理解するかわりに、連続的なプロセスのなかで読み解いていったほうがいい。ある社会の構成員によって下されたさまざまな決定は、やがて構成員同士に通じるある種の文法として固定される。そしてその文法が今日の決定に影響を与える。これが、制度が変わってもすぐには完全な効果が現れない理由だが、だからこそ制度は重要だ。そのままにしておけば限りなく再生産され、強化されたはずの間違ったベクトルから私たちを切り離し、二度とそんな愚かで理解不能な慣習に後戻りしないよう、動きを止める根拠を用意してくれる。

法が保障している「同一労働、同一賃金」の原則が守られるまでには、まだまだ障壁は多い。これまで見てきたように、女性の昇進にはうるさいくせに男性のそれには寛大な社会の雰囲気、すでに大部分を男性が占めてしまっているトップエリートが男性を好んで抜擢するという問題は確かに存在する。だが、女性の経済的成功を妨げているのはそうした差別的な社会や頑固な男性たちだけではない。女性と男性がいたらやはり男性のほうがきちんとした待遇を受けるべきだと、当の女性の側も思ってしまうのだ。ひどい場合、その対象が自分であるときもそう思う。ある心理学の実験がそれを証明している。

実験のルールはこうだ。10ドルのうちいくら渡すかを相手に提案し、その金額で相手が了承すれば取引成立。双方は合意した金額を受け取れることにする。もし相手が拒否すればば2人ともお金はもらえない。実験の結果、男性は男性の相手には平均4・73ドルを、女性の相手には4・43ドルを提案した。一方女性は、相手が男性のときは5・13ドル、女性のときは4・31ドルを提案した。提案する立場にいても、女性は自分の取り分を少なくするほうを選んだのである。(2) 限られた資源を男性と分けるという状況でない場合でも、女性は自分の報酬を低く想定する。イギリスの大学院生5000人を対象にした調査によれば、平均年収3000ポンドに対して、それに近い2500〜3500ポンドを受け取れるだろうと予想した女性は17％にとどまった。(3) また、賃金交渉が可能かどうかはっきり示されていない状況におかれると、女性はたとえ賃金が安くても仕事への意欲を示し、一方男性は高い賃金にこだわるという研究結果もあった。この研究では、賃金を交渉することができるとわかった段階で性別間の差はなくなったが、実際は交渉の場面でのそうした心理学的な差異が、女性に高い年俸を受け取れなくさせている。(4)

月給や年俸は外部からの強制でのみ決まるわけではない。賃金労働をする本人の推算や選択も、ある程度影響を及ぼす。さきほどの10ドルを分ける実験は取り分を自分で思ったとおりに決定できたが、個人というのは常に所属している社会の一部だ。そして私たちがいる社会は、女性が遠慮なく権利を主張し、自分の能力をガンガンにアピールすることにいぜん否定的であり、自分をおとしめても他者にボールを回して謙遜することが女性の当然の美徳だと思っている。女性は自分の報酬を決める瞬間でさえ、けっしてそういう認識から自由になれない。一貫して堂々たる態度で賃金交渉に臨む女性に返されることばが「女がそんなに稼いでなにに使うんだ?」だったら。その女性は、次に似たような状況になった瞬間、同じような態度をとり続けられないかもしれない。つまり、性差別的な認識は正当な要求を受けつけないだけでなく、給与をもぎとるチャンスを女性自身に手放させる結果をも芋づる式に生みだすのだ。結局、女性の平均給与は低くなり、その傾向はさらに再生産される。女性労働者は、自分の受け取るべき給与の正当な額にあたりをつけようと、他の女性の平均給与を参考にするからである。このように、女性は低い賃金を、男性は高い賃金を当然受け取るべきだとする社会の文法から抜け出すのは、けっして簡単なことではない。

会社に自己評価を提出する時期になると「また反省文を書かなきゃな」とひとりごとを

いうのは女性のほうだ。自己評価が賃金に影響するとわかっていてもである。謙遜、自己反省、譲歩など、女性に求められてきた美徳は一種の姿勢にすぎないように見えて、その実、自分の業績を過少評価することにつながり、受け取るべき報酬を要求することを躊躇させる。それは経済力に打撃を与える。この問題は入社時点からの年俸にひびくため、結果として男女間の賃金の開きはどんどん大きくなる。

仕事の対価をその都度自分で決められるフリーランスでも、女性が男性より低い金額しかもらえないという状況は多発している。気負わずに提示できる金額そのものが男性に比べて安い。そして依頼する側もそれを期待している。あまりに高い金額を言って仕事が来なくなる事態を防ごうと、同業の女性同士が似たような自己検閲を経て自らの報酬を決めていることも忘れるわけにはいかないだろう。もっと高い金額を交渉で提示しない限り、高いレベルの報酬をもぎとることはむずかしいとわかっていても、そう簡単にはいかない状況なのだ。女性が自分から安い賃金を提案する。それだけ見れば非合理かもしれない。だが、さまざまな関係を考えた場合、実質的に根拠のある決定なのだ。相互作用で意思決定がなされるとき、相手の反応にあわせて最大限効果がある戦略をとるべき、というのはゲーム理論からいってもそのとおりである。

「自分に腹が立つ。お金のことで争いたくなくて、すぐにあきらめてしまった。交渉に打って出て、失礼だとか甘やかされているとか思われたくなかったから。男はそういう心配をしなくていいんだろうな」。俳優のジェニファー・ローレンスが賃金差別を受けていたと知り、その心境を友人に打ち明けたメールの一部である。[5] ハリウッドのトップスターが女性だからという理由であじわった苦悩と心理状態がつづられている。この発言は事実だった。映画『マン・オブ・スティール』主演俳優のヘンリー・カヴィルは、雑誌のインタビューで映画に出る理由について問われ、「デリケートな話ではあるけど、正直、カネを手にするチャンスを逃したくないからね。映画に出るのは芸術のためだけじゃなく、カネを稼いで、使って、豊かに暮らすため」と公然と語った。彼は以前にも、作品がヒットしてたくさん稼げればいいと答えたことがある。[6] 彼の発言は率直で現実的なものと受け止められたのに、ジェニファー・ローレンスはといえば、実際に表沙汰になった差別を問題提起するときでさえ、「面倒くさい人と思われるのでは」と懸命にことばを選んで発言せざるを得なかったという。

もう少しハリウッドの話をすると、2017年に全世界で最高のギャラを手にした女優はエマ・ストーンだった。2016年6月から2017年6月まで、韓国ウォンにして約295億ウォンを稼ぎだしている。ところが、エマ・ストーンは映画『ラ・ラ・ランド』で主演だったにもかかわらず、その映画に出演した他の男性俳優たちより安いギャラになりかけた。ストーンは抗議し、男性俳優たちの出演料をエマ・ストーンと同レベルにカットすることに同意させたのだ。(7) この映画はアカデミー主演女優賞を受賞しているが、その主演女優が他の役者より安い出演料を受け取るところだったのである。

エマ・ストーンの前までギャラ1位だったのが、まさにジェニファー・ローレンスだった。ところが、ジェニファー・ローレンスは全世界の俳優評価で2年連続1位だったにもかかわらず、5位の男性俳優ドウェイン・ジョンソンに比べ、なんと207億ウォンもギャラが少なかった。もちろん、映画俳優のギャラというものを決める根拠がまったくないわけではないが、かといって厳密に基準が決まっているわけではない。にもかかわらず、出演料に比べて興行成績がよかったハリウッド俳優5人のうち上位4人が女性という事実を見ると、ハリウッドという特殊な職場にも差別的な物差しが根強く残っていることが十分うかがえる。(8)北米で大ヒットした映画『ワンダーウーマン』。ワンダーウーマンを演じたガル・ガドットは30万ドル、韓国ウォンにして約3億4000万ウォン相当の出演料を受け取った。ワンダーウーマンとして出演した他の2つの映画もそれぞれ同じ金額で契約しており、興行成績でのインセンティブはなかった。つまり、映画3本の出演料は合計90万ドルになる。では『マン・オブ・スティール』のヘンリー・カヴィルは？ 彼は1本の映画で160万ドルのギャラを受け取っていた。

ヘンリー・カヴィルのギャラが決まる過程では、インタビューでの彼の発言を「信念があって率直」と評価する認識構造や、同じ仕事をしている周りの男性のギャラの相場、それをふまえたうえでの俳優本人の交渉態度などが影響しただろう。ジェニファー・ローレンスには手の届かない資源だ。ジェニファー・ローレンスの場合、ただ自分の望む金額だけを考えていればいいわけではない。それ以前に要注意事項について頭をめぐらさなければならないのだ。女性一般に求められる態度を逸脱してタフな交渉をしたときにおそらく広まるであろう、否定的な噂。そのせいで二度とオファーが来なくなる可能性。自分がキャスティングされなかった場合、かわりに演じる俳優が示すギャラの金額まで。そうしたことを考えれば、女性が男性と同じ態度で交渉に臨みづらいのも自然だし、当たり前のことである。だからジェニファー・ローレンスにとっては本当に不利なゲームなのだ。この事例でもわかるとおり、女性と男性の交渉態度には、個人の性格以上に社会的な要因が大きく作用する。

だとすれば、この不利な条件を変えられないのだろうか。この本を書き始めてから、周囲の女性たちに賃金格差についてどう思うかを尋ねてみた。いちばんよく聞いた答えが「お互いの年収を知らないから、男性の同僚が実際に自分より多いかどうかわからない」というものだった。役に立てなくてごめんと謝られもしたが、まさにその答えにこそ問題解決のポイントがある。情報が不足していれば、いい決定はできない。逆を言えば、情報が多いほどマシな決定ができるのである。

最近、イギリスの公共放送BBCで賃金差別が続いていたという事実が話題となった。(9)もっとも多くの報酬を受け取っていた女性の年俸が、男性トップの年俸の20%だったからである。この話をするたびみんな聞き間違うのであらかじめ強調しておくが、女性の1位が男性の1位より20%少ない金額をもらっていたのではない。男性の給与の20%、だったのである。これはイギリス政府が15万ポンド（約2億3千万ウォン）以上の年俸を受け取っているBBC職員や出演者に限定して給与明細を公開させたためあきらかになったものだ。それがなければずっと知られずじまいだった。ジェニファー・ローレンスが自分の出演料に抗議できたのも、たまたまハッキングで他の出演者たちのギャラの情報が流出したからだった。

お金の話を嫌うことで有名なドイツでも同じ理由から、同一職級にいる者の月給を知ることができる「賃金構造の透明化促進法」が施行された。報道によれば、「従業員200人以上の企業について、女性職員からの求めがあった場合、同一または対等の男性職員の賃金を匿名にしたうえで開示しなければならない。もし女性職員と同じ業務をしている、あるいは対等な実績にもかかわらず女性職員より高い賃金を受け取っていれば、女性職員は彼らの平均月給にもとづき引き上げを要求することができる」というのが法の主な骨子である。(10) 情報を提供することで賃金差別を解消していくことが目的だ。

男性中心主義がはびこる社会では、いくつかの理由から、女性がもっと高い給料をくれとは言い出しづらくなっている。だからといって女性たちは、同じ仕事をしている男性たちよりも安い給料で当然だと思っているわけではない。少なくとも今を生きる女性たちにとって、男性は家長だから経済的に優待されて当然、という根拠は説得力を失っている。したがって、より多くの情報を得られれば、同じフロアで自分が失くした賃金ぐらいはすぐに見つけ出せるはずなのだ。さまざまな国で賃金公示制のような制度を推進しようとしている理由でもある。

このように、性別による賃金格差の一定の部分は政策によって可視化することができるし、制度的な解決策を探ることもできる。だから、給与を受け取る当事者の女性に向かって「もっと堂々と正当な賃金を要求しろ」と言う前に、そうできなくさせている現実的な条件を見つけ出して問題解決をはかることのほうが重要なのだ。ひどい賃金格差があるのにそれをさらに悪化させ、あげくのはてに差別されている側にも差別されている事実を見えなくさせている要因は何なのだろう？　失われた賃金を求めるためには、そもそもスタートラインで性別を理由にどんな資源を手に入れることができなかったか、から問わなければいけない。そうすれば、ゲームのスタート前後でどれくらい失ったかの見当がつく。たとえば、こんな問いを立てることができるだろう。もし女性がゲームのスタート前にもっと多くの情報を手にしていたら、もし社会が男性のほうにもっと不寛容だったら、女性がお金の話をするときに恥じらったり遠慮したりすることを期待していなかったら、はたして女性はいくら要求することができ、その要求が受け入れられる可能性はどれくらい高くなったのだろうか？

労働に対する価値は、その労働の内容だけではなく、働き手の社会でのあつかわれ方によっても決まる。それは一朝一夕には決まらない。「高空籠城」ということばは、韓進《ハンジン》重工業の人員削減に反対して、３００日以上高さ35メートルのクレーン上に籠城した最初の女性溶接工、キム・ジンスクを思い出させる。ところで、この高空籠城ということばはかなり以前から、「最初」や「女性」といった単語と縁が深かった。私たちの歴史で最初に高空籠城をしたのも、やはり女性だった。１９３０年代、平壌《ピョンヤン》のゴム工場で、それでなくても少ない朝鮮人の賃金が削減されるという危機にみまわれた。そのとき、姜周龍《カン・ジュリョン》という女性が死もかえりみず、たったひとりで高さ約12メートルもの乙密台《ウルミルテ》（訳注＝高句麗時代に平壌城の指揮所としてつくられた楼閣）の屋根に上り、闘争をくり広げた。当時朝鮮人女性は朝鮮人男性の半分の賃金であり、朝鮮人男性は日本人男性の半分の賃金だった。私たちのあつかわれ方やそれへの闘争は、そんな古い過去にも探ることができる。

もし、女性にはしかるべき額を払わないという古臭い慣習が最初からなかったら、今ごろ給与をもらう側と同じくらい、給与を支払う側の行動も変わっていたはずだ。現在とられている行動は古臭い慣習にもとづいた思考方式に大きく左右されている。女性が自分の報酬額を言ってくるなどけしからん、という考えの持ち主が相互作用の相手だったせいで、私たちはどれほどの賃金を失ってきたのだろうか?

異なる支出

前にチラッとふれたきりになっていたが、賃金交渉をしていると、女性はたまにこんなことばを聞かされることがある。「女がそんなに稼いでなにに使うんだ?」。理解しがたい発言だが、「家族を養わなきゃならないから」男には経済力が大事、という理屈の裏を返せば、背後にあるのは次のようなメッセージなのだろう。既婚女性は養ってくれる夫がいるから、たくさん稼ぐ必要はない。独身女性は養うべき家族がいないから、たくさんのお金は不要だ。

男性が家長という通念がすでに私たちの社会で有効でないことは前にも説明した。だが、そういう現実とは無関係に、昇進の対象となる者を決める段になると、独身女性は「男性のほうがよりお金が必要」ということへの理解と譲歩を求めるのにいちばん好都合な相手にされる。おまけに、この「男性生計扶養者モデル」は昇進段階にない男性にも適用される。こちらのほうがより大きな問題だ。男性を家長、女性を被扶養者とするこのしょうもない考え方にのっとれば、男性はすでに家長だったり、あるいは今後家長になるから、同じ仕事をしていても男性のほうが女性より多くお金をもらって当然。と同時に、女性は男性より少ない金額でかまわないということになる。

映画関係者の対談で映画監督のパク・ヒョンジンが語った内容によれば、映画界で働く独身女性がいちばん聞かされることばは「嫁に行けばいいじゃないか」だ。(11) この社会では、ひとりの女性の人生に必要なお金は見ず知らずのどこかの男性生計扶養者に渡してある、みたいなことが平気で言われる。そのときに独身女性が既婚男性と同じ金額を要求すれば、直接、間接的に聞かされるのが例の「お前がそんなに稼いでなにに使うんだ？」というセリフだ。しかし言わずもがなのことだが、もっとも妥当かつもっとも効果的な支給原則は、人ひとりが生活に必要な額をその本人に支払うやり方なのである。

女性は家長ではなく、だからお金は不要という言い方は、すでに前提から結論まで全部間違いだが、もう少し別の角度からこの問題にアプローチしてみよう。本当に女性のほうが男性より生きるのにお金がかからないのだろうか？　逆である。あきらかに女性のほうが、生きるためにより多くのお金を使わざるをえない。まずは家計でもっとも大きな比重を占めている住宅費から考えてみよう。１人暮らしの女性が家を探すとき、どんなに安かろうが広かろうが、治安の面であきらかに住居の選択が制限される。採光や湿気といった快適さの条件ではなく、ひたすら安全かどうか。部屋の坪数が多くて交通の便がよくても半地下ならあきらめるし、多少追加の金額を払ってでも女性専用オフィステル（訳注＝住居だけでなくオフィスとしても使用できる、立地のいい場所に建てられた家具付きの建物）や女性専用フロアを選ぶ。それぞれの経済状況によって最終的な選択の条件は変わるだろうが、部屋を決めるときのチェックポイントのうち、女性だから犠牲にせざるをえない選択肢はハナから決まっている。常に女性があきらめるもの、それは部屋の広さと金銭的な余裕である。命はあきらめられないからだ。女性だけに一生負わされる治安費用だろう。旅行をするときも同じ。どんな場所が好きかということとは別に、同じ予算で辺鄙な場所の宿や野宿になるのなら、いっそ旅行期間を短縮したり、目的地そのものを変更する。

　このように、治安のためより多くの住居費用をかけていても、1人暮らしの女性を狙った犯罪は後を絶たない。ドアの隙間からメモを差しこまれる。真夜中にドアをドンドン叩かれる。女性の1人暮らしだと知った宅配や出前の人が、ある日突然侵入してくる。大家だったり大家の孫だったり、とにかくどこからかやってきた人間が室内に隠しカメラを設置していく。これらは、最近ツイッター上でフェミニズムが活発に議論されるなか、「#これが_女性の_ひとり住まいだ」というハッシュタグで語られたもので、すべて実話である。東国《トングク》大警察行政学科の男性教授、クァク・デギョンは、女性の1人世帯を対象にした犯罪を防ぐには「小規模ワンルームが多い地域では、自分で費用を負担してでも監視カメラを設置するのがもっとも確実な方法」としている。[12] つまり、市民の安全を守るために必要な経費は、女性個人が、直接、負担しなければならないというわけだ。実際、女性は監視カメラにとどまらずドアの鍵を付け替え、出前を頼むときのためにあらかじめ玄関先に男物の靴を買っておいたりしている。女性のあいだでは窓に設置するタイプの防犯グッズや護身用道具を買うときのポイントが共有されている。

シングル女性といえば、未婚の若い女性が文化や芸術の分野で購買力を発揮し、人生を謳歌する華やかなイメージで毎度語られる。が、そのイメージでさまざまなことが覆い隠されてしまっている。1人世帯の女性の共通点は、住環境を選ぶ段階から男性より多くの制約を受け、にもかかわらず住居の不安に悩まされなければならないという点である。また、韓国で女性の1人世帯といえば「結婚していない若い女性」のイメージが強いが、現在260万世帯にものぼる女性の1人世帯の43％が60歳以上である。非婚、離婚、死別など、1人暮らしになった理由はさまざまでも、生涯を通じて同じ条件の男性より少ない収入しか得られずに生活してきた点は同じはずだ。そのうちの80％の女性は1カ月の収入は100万ウォン以下である。(13)

とにかく、それほどひどい収入にもかかわらず、女性は女性だというだけでかかる費用を負いながら家長として暮らしている。治安費用だけではない。女性用として出回っている製品は常に割高だ。商品やサービスをいろいろチェックしてみると、この社会は男性を基本に設計されていて、女性用のものは追加オプションの1つみたいに値段がつり上げられていることがわかる。ある製品やサービスが女性用だということ自体がプレミアムの理由なのだ。女性用製品が「基本の男性用」に追加で製造された特別品だと考える以外、こうした現象はありえない。また興味深いのは、もともと女性を主なターゲットにしている業態だと、後発の男性用オプションのほうが安く設定されることである。たとえばあるホテルのスパのプログラムを見ると、基本プログラムに追加して始まった男性用プログラムは所要時間が短く設定され、より安い値段でのサービスが提供されている。

カナダ、フランス、オーストラリアなどでは、そうした女性向けの製品やサービスへの追加料金を「ピンクタックス」と名付けて撤廃する運動があった。[14] もしカナダで女性用か男性用かの違いしかない「パンツ1枚、替え刃3枚付き使い捨てシェーバー1個、制汗剤1本、クリーニング1回、ヘアカット1回」を男女がそれぞれ購入する場合、女性は214・9ドル、男性なら143・65ドルが費用としてかかる。[15] おまけに、同じ値段の制汗剤であっても男性用は女性用の2倍の容量だ。化粧品なら、男女同じ成分のものでも女性用にはさらに別な成分が追加されていたり、あるいは容器のデザインが凝っているという理由で同じブランドでも女性用のもののほうが高かったりもした。女性は、望んでもいない成分やデザインに追加費用を払わされ、購入するわけだ。

そして同じ値段の場合、女性用のものは男性用のそれよりずっと質が悪い。あるいは値段が高いのに質が悪いということもある。パンティを例にすると、女性用パンティはおそらく生活必需品として製造されてはいないのだろう。脚が長く見える、という広告コピーにはじまって、ビニールのような材質、体を包み込むには不十分な大きさまで。韓国の女性は、女性用製品の値段よりも質の悪さに怒りを感じている。ある女性たちは抗議のつもりで男性用パンツを着用した。実際はいてみると、女性用パンティを身につけなくてすむというだけで生活の質が向上したという。(16) 品質の問題だけではない。婦人服は小柄で細身の体形を基準にサイズが決められているし、生活必需品である生理用ナプキンは毒性物質が検出されたのにきちんとした調査が行われなかった。女性は、生きていくためにより多くのお金がかかり、より質の悪いものを受け入れなければならないのである。

　また女性は、同じ職場にいながら男性の同僚は払わなくてもいい固定費用を覚悟する必要もある。着飾らなければならないからだ。最近ＣＧＶ（訳注＝韓国のシネマコンプレックス）で、映画館スタッフの職場メイクをルール化する動きがあった。(17)「眉はくっきり、ベースメイクは健康的に。唇にはツヤ感を出し、赤いルージュはマスト」。スキンケア化粧品を省いても消耗品であるアイブロウ、ファンデーション、リップグロス、口紅は必要だ。もしメイクしていなければバツがつく。もちろん同じ仕事をしている男性社員がメイクを要求されることはなかった。こうしたはっきりした強要でなくとも、ルックスを採用基準に盛り込んだり、採用後に女性社員にだけ服装や外見チェックをする会社は珍しくない。

　女性がおそらく一生負担しなければならない治安のための費用、女性用製品についてまわるプレミアム費用、社会から日常的に強要される着飾り費用など、どの場合も、女性は女性であるだけで余計にお金を払わせられる。これは、個人の好みや選択以前の、ただもう生存のための「基本」に合わせる費用だ。そんな社会なのに「お前が稼いでなにに使うんだ？」なんてあきれた質問とは。ひょっとして、女性だからかかるこのウンザリな必要経費を請求してくれという意味ではないか？　だったら時間ができたとき、各自で一度計算してみよう。この社会を女性が生き抜くための必要経費を考えあわせたとき、さらにどれくらいもらえば、男性と同じ線上の「基本」に合わせられるだろうか？

(1) 京郷ビズ「男女賃金格差、最大の理由は〈なんとなく〉」２０１５年5月25日
(2) Catherine C. Eckel and Philip J. Grossma,“Are Women Less Selfish Than Men?: Evidence from Dictator Experiments” １９９８年
(3) *Independent*, “Female university graduates dramatically underestimate their worth contributing to gender pay gap” ２０１７年7月20日
(4) Andreas Leibbrandt and John A. List,“Do Women avoid salary negotiations? Evidence from a large-scale natural field experiment” ２０１２年.
(5) *Marie Claire*,“Jennifer Lawrence évoque les inégalités salariales à la télévision française” ２０１６年12月23日
(6) ニュースピム「『バットマンVSスーパーマンジャスティスの誕生』ヘンリー・カヴィル〝映画に出る理由？　正直カネのこともある〟」２０１６年3月12日
(7) *ELLE*, “Emma Stone: elle a réussi à convaincre ses collègues acteurs de baisser leur

salaire" 2017年7月11日
(8) 世界日報「出演料にくらべ興行成績がいい俳優トップ10は?」2015年12月22日
(9) 女性新聞「BBC賃金性差別問題……イギリス社会に変化を起こすか」2017年7月26日
(10) 時事ジャーナル「隣の席の同僚の月給を教えて」2017年2月16日
(11) 『シネ21』、「映画界のなかの性暴力問題　二度目の対談：イ・ミヨン、ホン・ジョン、ブ・ジョン、パク・ヒョンジン監督」2016年11月16日
(12) アジアトゥデイ「1人時代、女性がひとりで暮らすワンルーム〈犯罪の標的〉……〈監視カメラ設置、至急〉」2017年8月10日
(13) JTBCニュース、「1人世帯女性の半分は月収100万ウォン→ガラスの天井、依然」2017年6月28日
(14) *La Presse*, "Demande d'action collective contre la «taxe rose»" 2017年2月14日
(15) *Radio Canada*, "Faut-il une loi pour combattre la «taxe rose»?" 2017年1月10日
(16) 『ハンギョレ21』1175号、「男物パンティを履いた女性たち」2017年8月21日
(17) SBSニュース「〈赤いルージュを塗らないと……〉、CGV〈よれよれ〉は罰点」2016年3月31日

4

与えられた条件

ハイヒールと砂袋

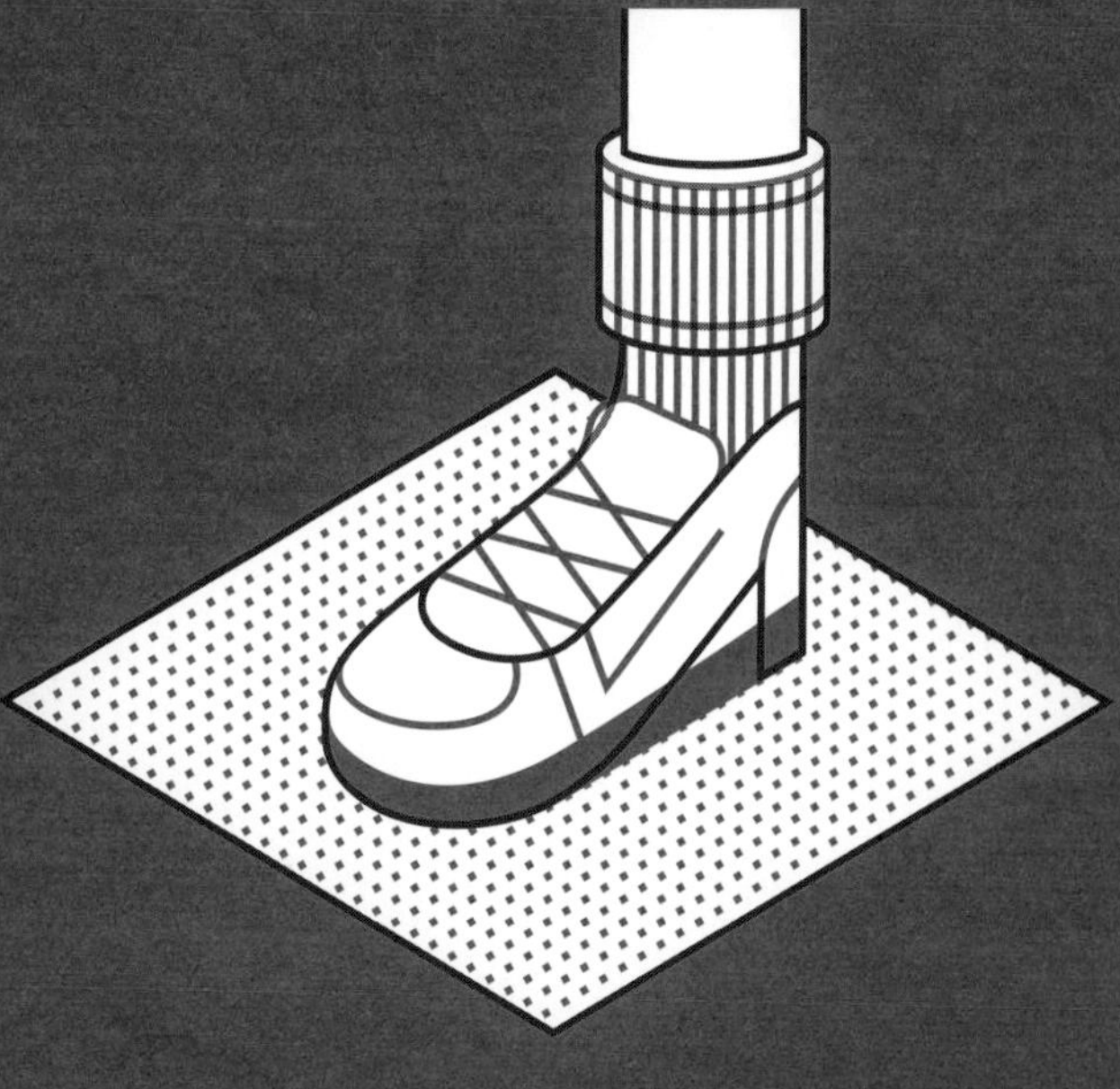

同じ場所をひたむきに進む人々を見ていて、ハッとしたことがある。女性と男性とで履いている靴が違うのだ。女性の両足には、砂袋の重しまでぶら下がっている。

性別だけで不平等が生まれる、とはかぎらない。階級、学歴、地域、障害の有無など、要因はさまざま。とはいえ、性別からくる不平等だけは、全男性が全女性より経済力があるときにのみ語りうるタチのものではない。同じ階級、同じ学歴、同じ地域、同じ雇用形態において女性に回ってくるチャンスが失われ、さらに不利益が加わったときにようやく不平等だと口にすることができる。この社会で性別は、能力のない側に見かえりを与える根拠となり、能力を高められるチャンスにも差を生ませている。チャンスの違いは、女性により多くの努力をするように仕向け、その結果、がむしゃらにがんばって高いポジションについた女性たちは、同じポジションの男性よりもはるかに高い能力を発揮する。ただこれらの話は、すでに説明したとおりだ。この章では少し話題を変え、職場の外へと視線を向けてみよう。働く男性と女性。仕事以外では、どのような環境のなかで暮らしているのだろう。

家事労働

女性は仕事が終わってからもずっと働き続ける。韓国人の労働時間はＯＥＣＤ加盟国の中で2番目に長く、夫の家事分担率はあまりにも低い。[1] 韓国統計庁の資料によると、男性だけが稼ぎ手の家庭における家事の平均時間は、女性が1日6時間、男性は46分だった。共働き家庭でも、女性が3時間13分なのに対して、男性は41分にすぎない。[2] 家事とは、基本的な暮らしを営むために必要な再生産労働であり、その多くが自分でやるしかないたぐいの労働である。もちろん同居人と分担することはできる。だが、歯を磨き、顔を洗うのを他人に頼むことはできない。便器をキレイにし、髪の毛を拾い、靴下を洗濯機に入れるなどのことも同じだ。片働きであろうが共働きであろうが、自分でキチンとやるべきことはある。なのに、これらを人まかせにしてしまうことが、実際に起きている。

家事をまかせられるのは、決まって女性だ。男性は「家事は女性がやるもの」ということばにあぐらをかいて、生きるのに必要な労働を女性に丸投げする。一方で女性は、あきらかに他人がやるべき労働を肩代わりする。家事をするだけではない。やるべきことの総量にあたりをつけ、分担を決める管理者の役割まで担っている。「オレだってまかされたらちゃんとやるさ」といばる男たちに、どんな仕事をどれだけまかせるべきか悩むことは、家事の時間にこそ加算されないだけで、疑う余地なく家事の一部なのだ。女性は稼ぎが少ないから家事をして家計に貢献しなきゃ、なんてことを言うのはお門違いだ。そもそも女性の収入は構造的に少なくされており、成果は低く評価され、報酬はあまりにもひんぱんに横取りされている。それだけではない。女性が男性より稼いでいる家庭でも、家事は女性に課せられ、女性だけが稼いでいる家庭でも、女性は2時間39分、男性は1時間39分家事をする。不公平な家事の分担は、夫婦の収入差ではなく、家事は女性がやるもの、という思い込みから始まっている。

過重労働社会なので、労働者はいつもヘトヘト。勤務時間が終わってからも仕事上の付き合いをしなければならず、家事をする余力なんてない。そんな言い分にも一理はある。お金を稼ぐためにせっせと働き、くたびれている家長の様子が目に浮かぶようだ。とはいえ共働きが一般的な韓国で、女性はちゃんと休めているのだろうか。女性が家事をする時間は5年でたった3分しか減っておらず、男性の家事時間はたった4分しか増えていない。

職場で男女が働く平均時間は少ししか違わないのに、女性は毎日3時間13分以上、家事にエネルギーを使っている。(3) その間、家に帰った男性は？　ただ休んでいる。

このように不平等な家事分担はそれ自体がダメなだけでなく、賃金労働者としての女性の生産性にも影響を及ぼす。「女性にも妻が必要」というジョークがはやっているのは、「勤め人にとって家事労働は負担だ」ということへの社会的同意の証しである。またこのジョークは、再生産労働を肩代わりする「妻」が、男性労働者だけに与えられる特権であることを気づかせてくれる。残念ながら女性には妻がいない。むしろ多くの場合、女性は働きながら男性が自らやるべき家事までやっている。女性が女性であるという理由だけで家事を押しつけられることなく、男性と同じくらい他人に家事をまかせられるとしよう。このとき、女性は仕事でどれほどの能力を発揮し、どれほどの達成感を得て、どれほどの成功をおさめることができるだろうか。

実際、既婚の女性会社員は肉体的に疲れすぎている。常に寝不足で、ストレスの度合いが大きい。子どもがいるとなおさらだ。ママコミュニティサイトには、働くママ同士で「どれくらい寝ていますか」と聞き合う書き込みがたえない。十分に休むことができないまま、とんでもないストレスを受けているだろうということは、容易に想像できる。調査結果によると、働くママたちが受けているストレスは危険なレベルだ。働くママ1000人弱を対象にストレス度測定をしたところ、5点満点中5点の割合が55％を超え、1点は3・3％しかなかった。[(4)] 家事だけでなく、育児は特に女性の仕事と思われがちで、働くママたちはどんなに育児に力を注いでいてもうしろめたさを感じる。また、職場では十分に仕事に集中できない自分をまた責めてしまう。が、こんな状況に追い込まれるのは、女性が自分の資源を効率よくつかうことに失敗したからではない。女性の1日は効率化なんてそもそもムリなのだ。肉体的に、精神的に、時間的に、利用できる資源が足りない。女性はより痛みを抱え、より萎縮し、より苦しむ。エネルギーを消耗するばかりで、充電するための余力を確保することすらできない。

こんな現実のなか、女性は職場を選ぶ際に、給料以外の条件をより気にしなければならない。勤務条件に融通がきくか、定時に退勤できるかなど、さまざまな条件をふまえて、高い給料をあきらめてしまうケースは少なくない。配偶者との関係だけが問題なのではない。家庭に病人がいる場合もケアをまかされるのはだいたい女性のほうである。そのため女性は、キャリア、職場、プライベートをあきらめてまで身をつくすケースが多い。このように給料が得られない職場の外での労働を一身に引き受けることで、女性はお金として換算できない多くのことを失っている。もちろん、お金も。

「男性生計扶養者モデル」において、男性は公的領域に、女性は私的領域におかれてきた。だが、女性が公的領域に出るとなると、私的領域での労働は働き手を失うことになる。すると、女性は多くの場合「仕事をするのはいいけど、家事にも手を抜いてはいけない」と言われてしまう。つまり、公的領域に出ていっても、私的領域をないがしろにしてはいけない、両方をマトモにこなすべきだと言われてしまうのだ。これこそが働くママが受けるストレスの原因となっている。実際は必ずしもそういうわけではないのに、多くの女性がもっぱら自分のわがままで仕事をしているといううしろめたさを感じる。その結果、両方を完璧に「こなそう」とする。だが、働き手がなくなってしまった私的領域の労働を解決するには、1人が2人分を働くのではなく、2人がそれぞれの役割を果たすべきなのだ。男性が自分の役割を果たさなければ、社会は崩壊してしまう。私たちが今、目の当たりにしている現実のように。

着飾り労働

すでにふれたように、女性は仕事でも「着飾る」ことを強いられる。ただこれには、お金だけでなく、時間もかかる。メイクのルールがあって、バツをつけられるような職場でなくても同じだ。女性の外見が職務能力への評価と結びつけられることもあるから。たとえば、雑誌『コスモポリタン』には、毛穴が見える女性はプロフェッショナルとは呼べない、アイラインがにじんでいると専門家には見えない、といった話が掲載されたことがある。(5) 女性がプロとして認められたければ、それらしく見えるように外見も整えなくてはならない。プロフェッショナルに見えない体型、なんていうのもある。標準体重の女性でさえ、職場で「体重を絞ってきて。それも自己管理のうちだよ」なんていうことばをしばしば耳にするのだ。こんな雰囲気のなかで、女性たちはダイエット補助食品、ダイエット用の弁当などを用意し、キレイになるため時間とお金を使う。だが、本当のことをいうと、女性がプロらしく仕事に集中できるようにするには、今より睡眠を取らなければいけない。冗談ではない。日本のある広告会社では、53時間連続で働くなど、ハードすぎる勤務を強いられた社員がいた。その社員は休みなく仕事をしただけでなく、その合間合間に着飾らなくてはならなかった。上司から「髪がボサボサ、目が充血したまま出勤するな」「女子力がない」といった話をしょっちゅう聞かされていたのだ。労働者としてハードな仕事をこなしながら、女性として自己管理をするよう、心理的、金銭的、時間的資源を使うように強いられていた。そのプレッシャーにさいなまれ、彼女はついに社員寮で自殺してしまった。(6)

服装ルールを設けることは、職場で女性社員に女性性を強要する手段となる。女性社員にだけ制服を着せたり、制服でなくても女性だけに特定の服装を要求したりする。男女がともに制服を着る場合でも、女性にだけ要求される服装が仕事の生産性や健康、活動能力にマイナスの影響を与えるケースが多い。スカート、体にぴったりすぎるブラウス、ハイヒール。こういった服装が、見る側の目にはどう映るかわからないが、これらを身につけて長時間働かなければいけない女性にとっては、不便で、苦痛でしかない。

特にハイヒール。足の形は人それぞれなので、無理なくハイヒールが履ける人など少ない。それにハイヒールは、長時間仕事できるようにつくられたものでは、けっしてない。

長く履いていると足が変形し、病気になることだってある。このため、フィリピンの労働雇用省は、行政命令によって企業が女性社員にハイヒールを履くように強制することを禁止した。(7) これによりフィリピンでは、アジア諸国ではじめて女性に1インチ（2・54センチ）を超えるヒールを要求することができなくなった。ショッピングモール、スーパーマーケット、レストラン、ホテル、航空会社。職場によって仕事内容はそれぞれ違うけれど、変わらないのは、女性たちが履いている靴と仕事になんの関係もないということ。もしハイヒールが専門性のある女性のイメージをつくるのに必要だとしたら、男性は専門性のある印象を与えるためにどんな靴を履けばいいだろう。また、その靴を履いている男性はどんな苦痛に耐えているのだろう。一緒に考えてみよう。活動を制約する服装と靴が、働く女性へのポジティブなイメージと結びつけられてしまったのはなぜだろうか。

女性だけに不便を強いる女性らしい服装とそれなりの身だしなみを要求すること。それは、過労死した女性のケースのように女性をひどく消耗させるだけでなく、雇用そのものを脅かす。女性社員に対する身だしなみへの批判は、LG生活健康の労働組合が2017年9月にストライキを行った理由の一つでもある。女性社員たちは管理職の男性から次のようなことを言われた。「自己管理ができないから太るんだ」「女性としての魅力がない」「Mサイズ以上になったら、売り場に出ちゃダメだ」「もし太ったら正社員への登用は考え直すつもりだ」。最後のことばを見れば、女性としての「基準」に合わない見た目によって、なにを脅かされることになるのかはあきらかだ。のちに会社側は、すべてジョークだったと釈明している。しかし、社員が一定レベルのルックスを保たなければ、雇用を維持することができないというメッセージを受け取った以上、それがもっぱら女性にだけ適用されることがわかった以上、そのことばは女性だけへの差し迫った脅威となってしまう。女性にとって見た目は、自分をよりプロフェッショナルに見せるための選択肢ではなく、仕事を失わないための絶対条件なのだ。(8)

感情労働

外見だけではない。女性は仕事全般において女性らしさを発揮するよう期待される。昇進した女性たちのエピソードで必ずと言っていいほど出てくることばに、「死ぬ気でがんばろう」がある。また「女性特有の女性性を利用しよう」ということばもある。女性としての優しいカリスマ、お母さんのような温かさ、女性だけのコミュニケーション能力といったもの。だが、女性らしさはあまり強調しすぎてもいけない。仕事場で使われる「女性らしい」ということばには、ときどき仕事への能力がないという意味が含まれるから。つまり働く女性は、期待どおりの女子力を見せると同時に並みの女性ではないこと、男以上に男らしいことを証明してみせなければならないという、二重の課題を負わされる。

しかし、これらを実現するのに必要な努力は、職務とは無関係なことばかりだ。せっかく女子力を発揮したところで、特に得られるものはない。よく笑って、優しく話して、雰囲気を明るくしようと努力することで、「女のくせに可愛げがない」と目の敵にされることを避けられるぐらいだろう。一方で、失うものは多い。知らず知らずのうちにあつかいやすい女と思われるとか、仕事内容だけで評価されなくなるとか、下手すれば職場での評判が落ち、仕事を失う事態にまで発展しかねない。これを裏づける研究もある。女性が仕事で成功するには、周りから好感を得る必要があるというのだ。好かれるために人に親切にし、相手に共感を示すことには感情労働が伴う。男性の場合はどうだろう。同研究によると、仕事さえしっかりとこなせばいい。(9)

女性社員は会社の花、スカートを履いたほうがいい、キミはかわいげがない、キャビンアテンダントを見習って笑顔の練習でもしなさい。私の友人は、このような上司からの要求に従わなかったことで上司と水面下で揉め、その結果、会社を辞めるハメになった。「この会社があなたと合っていないようだから」というのが表向きの理由だった。が、その会社は、上司が見習えと言っていたキャビンアテンダントとは縁もゆかりもない貿易会社だった。次の職場では、同期の男性社員からコーヒーをいれてほしいと言われたという。

女性は、臨機応変に女性らしさと男性らしさを発揮して雰囲気を明るくする、という本来職務とは関係のないことを努力しなければならない。少しでも嫌な顔をした場合には、キャリアが脅かされるリスクを受け入れなければならない。

性別を理由に他人の再生産労働を背負わされることはフェアではない。女性らしさを無理強いしてはいけない。睡眠不足と長時間労働は、健康を損なう。すべて言うまでもないことだろう。これらの問題は、労働生産性の話を持ち出すまでもなく大事であり、解決されるべきものなのだ。それでもあえて労働生産性の話を持ち出しているのは、女性は非物質的な資源が不足しているゆえに、物質的な資源の不足もさらに悪化しているから。これらの資源が足りていて、よけいな努力をしなくてもすんだなら、女性はどんな仕事をなしとげているだろうか。どこまで昇進することができただろうか。どんな才能を発揮できているだろうか。そうやって稼いだお金で誰と出会い、どこを訪れ、なにを買うことができただろうか。職場での自分の姿にどれだけ満足できただろうか。より豊かな金銭資源を活用し、どんな資源をさらに確保できただろうか。どんな暮らしを営むことができただろうか。失われた賃金について考えることで、私はこのような問いを投げかけようとしているのだ。

働く女性。このことばからすぐに連想されるべきイメージは、スケジュール帳を3冊用意し、子どもを育て、仕事の成果をあげ、男性より能力が高いとほめられ、特有のコミュニケーション能力で同僚と円滑な関係を築き、時間をさいて義理の親の面倒を見て、早朝にヨガをしてキレイなボディラインを保つ、そんな超人的な力を持つ人ではない。ちゃんと寝て、起きて、時間がなければ着飾らず、仕事をしたいだけして、家に帰ってから自分のやるべきことをやって布団に入る人なのだ。

(1) ハンギョレ「減ったのはたった〈7分〉……過去5年間の男女における家事労働の時間格差」2015年7月2日

(2) 韓国統計庁「2019年生活時間調査結果」
https://www.kostat.go.kr/portal/korea/kor_nw/1/1/index.board?bmode=read&aSeq=384161

(3) 韓国統計庁「韓国人の生活時間の変化像（1999年〜2014年）」
http://kostat.go.kr/portal/korea/kor_nw/1/6/4/index.board?bmode=read&bSeq=&aSeq=352954&pageNo=1&rowNum=10&navCount=10&currPg=&searchInfo=&sTarget=title&sTxt=

(4) サムソンソウル病院「働くママのストレス、だれが吹っ飛ばせるのだろう」2016年10月10日

(5)『コスモポリタン』2015年8月号「女性よ！　オフィスでこれだけは守ってくれ」

(6) 聯合ニュース「〝月105時間超過勤務〟広告会社電通の新入社員の自殺波紋」2016年10月15日

(7) 聯合ニュース「フィリピン、女性社員にハイヒール着用強要禁止……健康脅かす」2017年8月27日

(8) 文化ジャーナル21「〝太っていて女性として魅力がない〟……LG生活健康の不当労働行為〈物議〉」2017年9月27日

(9) Huffingtonpost, "Women Must Be Nice To Gain Influence At Work, Study Finds", 2017年8月7日

5

雇用安定性

消えていく女性たち

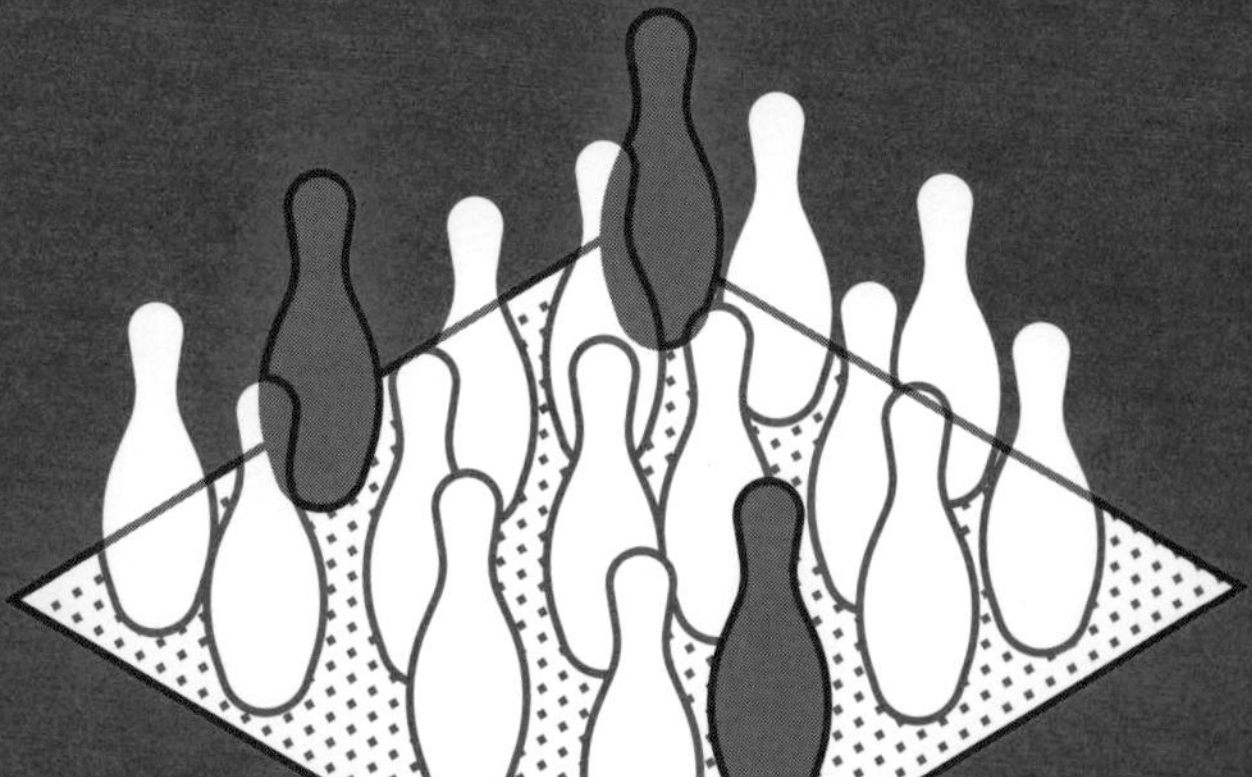

がむしゃらに走っていた足を止めて周囲を見渡すと、一緒に走っていた人の数が減っていることに気づく。いつからだろう。だんだん周りから女性の姿が見えなくなった。

「あれほど多かった女子学生たちはどこへ消えた」という詩で、詩人の文貞姫《ムン・ジョンヒ》（訳注＝1947年生まれ、詩人。1969年にデビューして以来、「女性」をテーマにした作品を数多く発表。独自の感性、鋭い洞察力を感じさせる作品で多くの読者を魅了してきた。著書にフェミニズム詩集『私の身体の中に住んでいる鳥を取り出してください』、『今、バラを摘め』（韓成禮訳、思潮社）他）は、とつぜんいなくなった女性たちにふと思いをはせている。日々時間に追われていた女性は、職場からも追われるようにどんどん姿を消してしまう。文貞姫が活動している詩の畑でも、デビューしたてのころは女性のほうが多いのに、ずっと活動を続けているのはほとんどが男性。男性が重要なポジションを占めるだけでなく、女性はどこかへ姿を消してしまうのだ。

結婚退職と早期定年

キャリア断絶についてはすでに見たとおりだ。既婚女性は、妊娠や出産といった現実的な理由で仕事をやめるのではない。というより、「いるべきところへ戻れ」というプレッシャーが女性に重くのしかかるのだ。それほど遠くない昔、女性は就職するとき、結婚とともに辞職するという覚書を書かされていた。1987年施行の韓国の男女雇用平等法には「婚姻や妊娠、出産を退職の理由に定める労働契約を締結してはならない」という条項が含まれている。これを見れば、既婚女性に退職をせまる労働契約がいかに行われていたかが推測できる。

結婚した女性を職場から追い出し、家庭に閉じ込めようとする。どの国でも行われてきたことだ。たとえば、1940年代までのアメリカ、カナダ、イギリスでは、女性が結婚とともに仕事をやめるようにせまられた。[1] 退職しないで居残った女性には、仕事をしながら家事がこなせるのか、どうして男性の仕事を奪うんだ、と非難が寄せられる。既婚女性が立ち向かうべき困難は、仕事と家庭の両立といった現実問題ではなく、彼らの選択を「罪」ととらえる社会の烙印だった。

また、女性が働けるのは25歳まで、と言われていたのもつい最近のことである。1985年、とある営業職の女性社員が交通事故に遭い、会社を辞めることになった。そこで、事故によって受け取れなくなった生涯賃金をもらうための損害賠償請求訴訟を申し立てる。ところが裁判所は、賠償額の算出にあたっては職場で賃金を受け取れる年齢を25歳までと想定、そこから平均退職年齢である55歳までは都市部での女性の日雇い賃金をもとに計算せよとする判決を下した。都市部での日雇い賃金は、すべての賃金所得のなかでいちばん金額が少ない。当時の結婚の平均年齢が26歳だったことから、この社員がほかの女性のように結婚し、退職するはずだという主張だった。あきらかに労働基準法と憲法に反するこの判決に、女性団体が猛反発。二審では55歳まで勤務した給与を基準に計算し直された。残念ながら損害賠償額とベースアップ分は反映されなかったが、「25歳女性の早期定年制撤廃のための女性連合会」を結成して事件に立ち向かった女性たちの努力は、2年後の1987年に、男女雇用平等法を制定する結果へとつながった。[2] 余談だが、「早期定年撤廃というむずかしい宿題がクリアできて、すごくうれしいです。ただ、被害への実質的な補償を受けられなかったことは残念です」[3] ということばを残したこの事件の当事者イ・ギョンスクは、それから30年ものあいだ女性運動をし、国会議員となった。

女性たちの闘いで職場にとどまれる期間が延びたとしても、女性の雇用はちょっとしたことであっさりと脅かされる。たとえば、韓国でIMF通貨危機の深刻さがより鮮明になった1998年頃、企業が大規模なリストラを断行するなか、退職をせまられたのは、同じ会社に勤める夫婦のうち女性のほうだった。主に夫をとおして妻のほうに辞表を出させるか、妻が退職しなければ夫が仕事で不利益を受けるはずだと脅す手を使った。(4)当時リストラを行ったアリアンツ第一生命は、1カ月で88組の社内結婚の夫婦のうち86組から辞表を受け取ったが、そのうちの84人が女性だった。(5)

幸いこの解雇は裁判所から無効との判断を受けたが、今でも同様のことがくりかえされている。同じ時期に似たような方法で762組の社内夫婦のうち752組のどちらか(女性が92・5パーセント)を早期退職させた農協中央会。2015年にも同じようなことが起きた。(6)原州《ウォンジュ》農協は、夫婦に辞表の提出を促しながら「耐えられないだろう? スーパーの肉売り場かなんか行って肉を切ってろって言われたらどうするんだ」と言って脅迫。それでも退社を拒否すると、金融業務に携わっていた妻を産休のあと精肉部門に異動させ、重い肉を運んで切り分けるよう指示した。これに屈しなかった従業員は、そのあとの顧客サービスのアンケートで2度も満点を受け、ふたたび預金業部門に異動される。だが、5

人が限度の部門に6人が配属され、席がなかったこの従業員は専務室の前に転がっていた椅子に座らなければならなかった。(7) そのあと、辞表を偽造されるにいたって夫婦は闘うことを決意、事件が明るみに出ることになった。

女性はどうして職場を去るのか

職場での女性の立場が不安定であること。これは社員同士のもめごとが起こったときによりあきらかになる。女性がその責任を負い、孤立させられるのだ。被害にあった女性が退社するケースももちろん多い。ソウル女性労働者会議の調査によると、職場内のセクハラ被害者10人のうち7人が退社している。(8) 被害事実を知らせてもまともな取り組みが行われず、それどころか多くの場合、女性についての悪い噂が流れる。そんな状況のなかで、被害者の女性は加害者とずっと顔を合わせなければいけないという心理的なプレッシャーを受けることになる。その結果、自ら退職するか、使用者側から退社をすすめられてしまう。このように結婚や出産などのライフイベントがなくても、ミスをしていなくても、女性は予期せぬ出来事で職場を離れることがあるのだ。

職場内のセクハラと性被害は、何人かの女性だけが経験するめずらしい話ではない。各業界での性暴力の事態があきらかになり、出版界でも性暴力の実態調査が行われた。その結果、回答者のうち女性の77・1％が性暴力を受けた経験があると答えた。事件後に満足いく措置が行われたという回答は0件。(9) 雇用形態が不安定なほど、上下関係にあるほど、事業規模が小さいほど、性被害はひんぱんに起こるし、キチンとした措置も取られない。これは女性が多い職種の特徴でもある。

同じ職場でも、男性はもっと簡単に職を守ることができる。ものすごい過ちを犯したとしてもわりあい救済されやすい。一方で女性は、ほかの人に直接的な被害を及ぼしたときはもちろん、ちょっとしたスキャンダルに巻き込まれただけでもあっさりとチャンスが失われてしまう。韓国の会社では、いつだって男のほうが真っ先に救われるのだ。

なんの問題も起こさず働いてきた場合も同じだ。女性の平均寿命は男性より長い。が、職場での寿命は短い。たとえば、女性の割合が圧倒的に高い通訳者。通訳の仕事は徹底した下準備、高い専門知識を要する高度な知的労働である。対処能力をはじめとするスキルはキャリアが長ければ長いほど向上する。だが、女性の通訳者の場合、キャリアを築くことができる十分な時間を確保することはむずかしい。専門性とは別に、若くてキレイな女性が好まれる傾向があるからだ。2016年、フランスで韓国大統領が出席するイベントが行われたときは、通訳者募集要項に「キレイな方」と書かれていたことが問題となった。[10] 年齢と関係なく仕事できるようになるためには、業界専門の通訳者として知られる必要があるが、そのレベルになるまでに与えられる時間は、男性が多い職業に比べてはるかに短い。

女性の働ける期間が短いのは、「社会が求める女性らしさ」に価値をおく文化だから。職務と関係ない「女性らしさ」が評価の基準になるとき、キャリアと実力が伴うにつれてより認められ、評価される男性と違って、女性は価値が下がってしまう。業界で認められる熟練労働者になるまで仕事を続けることがそもそもむずかしく、かろうじて続けられたとしても、実力に見合う待遇を受けることができない。このことは、高い熟練度が求められているのに賃金が低い職種に従事する女性の割合が高いこと、またシニアの女性が働く職種の賃金が低いことと無関係ではない。

女性は男性より勤続年数が短いだけでなく、非正規職の割合も高い。正社員として働いていた女性が結婚、出産、育児などの理由で仕事をやめ、そのあと、ふたたび労働市場に参入したとしよう。このとき女性は、非正規職になることが多い。韓国で正規職として働く女性の数は、20代後半にもっとも多く、そのあとにガクンと下がってしまう。(11) M字カーブを描いているのだ。

もちろんはじめから非正規職として働くケースも多い。同じ職場に同じ選考を受けて入社した同僚のうち、女性だけが非正規職になるケースもある。会社によってその理由はさまざまだろう。「なんだか女性には低い賃金を与えてもよさそうだから」という理由かもしれないし、「なんとなく」かもしれない。どんな理由であれ、働く女性のなかで非正規職が占める割合は54・5%と正規職より多い。男性は正社員として働く割合が63・3%と、非正規職より高いというのに。非正規職という雇用形態は、当然賃金にも影響を与える。2016年を基準に平均月収を比べると、非正規職の女性は123万ウォンを、正規職の男性は344万ウォンを稼いだ。正社員の男性の賃金を100万ウォンと見たときに、女性は35万8000ウォンを受け取った計算になる。(12)

働く女性は雇用が不安定なうえに、働ける期間が短く、不利な契約条件を押しつけられる。それにはさまざまな原因があるだろうが、共通する1つの問いを投げかけることはできるだろう。あれほど多かった女性が職場からいなくなり、取って代わられるあいだに、女性の賃金はどこへ消えたのだろう。

(1) アナベル・クラップ『妻の干ばつ』ファン・グムジン、チョン・ヒジン訳、東洋ブックス、2016年

(2) 女性新聞「女性就業の罠、結婚退職制判例⑬」2014年1月14日

(3) 中央日報「〈女性25歳定年〉の壁は壊されるのか――ある女性社員〈ユンファ事件〉控訴審勝利が意味すること」1986年3月5日

(4) ホ・ユンジョン『2014年度第4次国会女性家族フォーラム資料集』「女性のキャリア断絶現況及び事例研究」

(5) 法律新聞「世界女性法官会議テーマ発表：社内夫婦のうち、妻の一括辞表提出の効力」2010年5月20日

(6) 韓国女性民友会資料室「農協社内夫婦の女性社員優先解雇に対する声明書」2006年8月22日

(7) ノーカットニュース「〝社内結婚が罪ですか？〟今度は農協〈夫婦社員への退社強要〉」2016年3月28日

(8) 毎日労働ニュース「職場内セクハラ被害者10人中7人、結局退社」2015年10月26日

(9) 毎日労働ニュース「出版界従事者10人中7人、性暴力被害を経験」2016年11月11日

(10) JTBCニューススキャスターブリーフィング「私たちは、もうバレてしまいました」2016年6月8日

(11) チョ・ケワン『わが時代の労働の生涯』エルピ、2012年

(12) 女性新聞「〈乙中の乙〉女性非正規職、賃金は男性正規職のたった36％」2017年5月11日

6

就職

はじめての建物に入るときのことを思い浮かべてみる。建物には2つの入口があった。狭くて敷居が高いドアと広々として敷居のないドア。建物にたどり着いた人たちは、性別によって定められた入口から入らなければいけなかった。

好まれる男性

採用のときも、男性は男性という理由で好まれる。女性の採用がどれほど控えられているかは、職種によっても異なる。だが男性はいつでも、どこでも、好まれ、より簡単に就職する。実力が低くても採用のチャンスが開かれるのだ。そのために、女性は入社時から平均してスペックや能力が高い。能力を評価しようとして性別ごとの基準を設けることは、昇進を決めるときだけの話ではない。男性が多い職場は女性がタブーであるがゆえに、いちばん優秀な女性だけがかろうじて合格する。一方で女性が多い職場では能力がとてつもなく低すぎるほどでなければだいたいの男性が合格する。

「男性の前ではとたんに採用のハードルが下がる」。これは志願者が男性となると心理的基準が甘くなることを指したたとえだが、文字どおりハードルを下げるということも実際起きている。その例に、2013年に起きたKBO（韓国野球委員会）の新入社員公開採用面接での評価捏造事件がある。[1] 韓国の政党「ともに民主党」の国会議員ソン・ヘウォン氏があきらかにした内容によれば、KBOは定年までの雇用が保証されるうえに初任給が

3500万ウォンと好条件のため、募集人数2人のところになんと960人からの応募があった。ところが、面接の成績が高くて合格が確実視された女性の成績を改ざんし、ふるい落とした。KBOはほかにも女性の面接での成績を3、4回捏造していた。同じく韓国ガス安全公社でも、社長の指示に従い、選考基準を満たしていない男性7人を合格させた。面接成績が合格圏内だった女性と男性の順位を変えてしまったのだ。(2) 不合格だった女性の応募者7人は、すべて合格ラインを上回っていた。しかもその1人は、ガスシールメーカーとして世界的に知られるジョン・クレーン（John Crane）社で働いた経験があるにもかかわらず、ガス関係での勤務歴がないという理由で不合格にした。(3) ジョン・クレーンという名前を見てクレーン製作会社と勘違いしてしまったのだ。とある大企業の人事部長は、入社試験で筆記試験の結果どおり面接者を選ぶと、女性が8割ぐらいになると証言した。そのため、任意に男性応募者の合格ラインを下げたと。新聞インタビューではさらにこんなことを口にしている。「男性応募者のみなさん、字をもう少しきれいに書いて、がんばって準備してください。成績を捏造するのもものすごく大変なんですよ(4)」。

女性記者だけに、「女性」ということばがつけられることからわかるように、女性が少数とされる記者職の試験においても状況は変わらない。記者を志望しているのは、女性が男性より多い。そして試験の成績も高い。だが、最終面接へ進む合格者数から男女比がガラッと変わる。とある経済専門誌は、1次試験を通過させる男女の割合をあらかじめ最終合格の比率にセットしておいた。女性の割合が高い出版界も同様。編集者を志望する男性はめずらしく、好まれるので、男性にはより低い基準が適用される。職務能力に差がありすぎて、男性を採るに採れなかったというような後日談も聞こえてくるほどだ。ズバリ「男だから力不足だが採用した」と言う人もいる。これまた女性が圧倒的に多い小学校教師の場合は、任用試験の最終関門で男はズボンさえちゃんとはいていれば選ばれるというおもしろくない冗談が自嘲気味に語られる。このように採用された男性が、どのように期待され、のちにどんなポジションまで上り詰められるかは、すでに説明したとおりである。

「両性平等クオータ制」なんか廃止して実力で公正に勝負しよう。そんな主張をするのは、主に男性のほうだ。だが実際において、合格者のうち特定の性別が30%未満だったときに追加採用をするこの制度の恩恵を受けているのもまた、男性のほうである。2010年から2016年までに、成績が届かなかったにもかかわらずクオータ制のおかげで合格したのは、男性が458人と全体の80％に達していた。[5]なかでも警察公務員のケースはよりひどい。警察幹部を養成する警察大学は、人権委員会の勧告を無視して、女性合格者の割合を12％に凍結した（訳注＝この制度は2020年で廃止され、2021年度からは性別による枠を設けないことになった）。その結果、警察公務員の筆記試験で女性の合格ラインは、地域によっては男性よりなんと40点も高くなっているところがある。[6]警察は仕事柄、体力が必要だからというが、体力試験の割合は2011年まで10％でしかなかった（訳注＝「警察公務員試験制度先進化法案」により、2011年二次試験から25％に拡大された）。それに今日は、捜査をはじめとしたさまざまな業務において、女性がより必要とされている。

敵対視される女性

男性だけに下げられたハードルを、彼らがひょいひょい飛び越えていくあいだ、より高く、微動だにしないハードルを乗り越えてきた女性は、面接の場でふたたび難関にぶち当たる。結婚や出産に関する質問をされることだ。結婚して子どもがいる女性は、家庭があって仕事に集中できないだろうと、また結婚と出産を計画している女性は、そのうち仕事に集中できなくなるだろうと評価を下され、どちらも予定がない女性は、答えをありのまま信じてもらえないか、どこか問題のある人として見られる。面接で職務に必要のないプライベートなことを質問するのは、雇用政策基本法第7条と男女雇用平等法第37条第4項第1号への違反となる。なのに女性はいまだに、結婚と出産はもちろん恋愛のことまで聞かれている。こういった質問を受けて困るのは男性より女性のほう。面接官がこんな質問をするとき、たいがいの場合は、女性を求職者ではなく「女」と見てケチをつけようとしているのだ。

このようにひねくれていて敵対的な質問を、女性たちは面接で計り知れないほど聞かされる。私の友人が最近の面接で体験したことには、あきれかえるばかりだった。所得レベルと関係なく書類審査と面接だけで行われる留学審査の場で、芸術を専攻した友人は、「まず、書類は完璧だ」（実際そうだった）、「ところで人気のない学問を専攻していることからすると、ずいぶんお気楽な人生を送っているようだ」ということばを聞かされた。つづけて希望校を聞かれアイビーリーグと答えると、面接官に「キャリアにちょっとした華を添えたいのか?」と聞き返されたという。書類が完璧だと評価されたその友人は、選考から落ちてしまった。なにが問題だったのだろう。書類が完璧だという評価に続いた面接官の質問からは、この優れた人材への敵意がもろに伝わる。「お金を稼ごうとせずに気楽な人生を送っているくせに」「キャリアにちょっとした華を添えたいからアイビーリーグに行こうとする」と勝手に決めつけ、その思い込みを本人にもぶつけた。友人の計画はその敵意によって台無しにされてしまった。もしもその友人が男性だったなら、完璧な書類と人気のない学問の専攻とアイビーリーグは、友人の能力、意志、野心として評価され、才能を証明する材料になったはずだ。女性へ注がれる疑いの目は、けっして「出産による人手不足の問題」といった目に見える理由から来ているものではない。その疑いの目は、女性という存在自体に注がれている。

より深刻な問題は、女性に対してそんなふうに偏った視線を送る人たちが、自分のことを「公正だ」と信じて疑わないところにある。イェール大学で次のような実験が行われた。

学部生を対象に、警察署長に志願した2人の偽の候補のどちらを選びたいかを質問する。配られた2枚の履歴書のうち、1枚には教育水準と行政能力が低いが物わかりがよく、身体的条件に恵まれ、ほかの警察官たちから人気のある独身者という内容が、もう1枚には、教育水準と行政能力が高く、メディアの活用にも長けているが、社交性に欠け、子どもが1人いるという内容が書かれていた。ただし、学生たちに配られた2枚の履歴書には、性別が男性のものと女性のものの2種類あった。実験の結果、教育水準のよいほうが女性とされた履歴書を受け取った学生たちは、勉強ばかりしてあまり融通が利かなそうだと言い、もう一方の候補である男性の活動力を高く評価。他方、教育水準の高いほうが男性である履歴書を受け取った学生たちは、成績がその人の誠実さを代弁するとして男性候補を評価した。(7) 参加者たちは、自らについて「性別で偏った見方をしていない」と答えていた。また別の実験で、男女の名前がそれぞれ書かれた同じ内容の志願理由書を教授に評価させると、男性の側が能力をより高く評価され、より多くの初任給とより高い採用のチャンスを得て、マンツーマンで指導や助言を得られる機会も多かった。(8) アメリカのとある交響楽団では、オーディションの際に応募者にカーテンの後ろで演奏してもらうようにしたところ、女性団員が目立って増加した。(9) 男性という性別は、その人の無能さがあきらかになったときでさえ、その事実を相殺する力を持つ。また、実際には同じ能力があるにもかかわらず、男性のほうがより有能であると感じさせることもある。つまり女性は、任意にゲタを履かされた男性によって採用のチャンスが奪われるだけではない。女性であることを理由に、男性であることを理由に、採用のチャンスと評価と判断は変わってしまうのだ。

おまけに、女性は就業のハードルを乗り越えるため、さらなる基準を満たさなければならない。ズバリそれはルックスだ。女性は、社会的に「美しい」とされる身体条件を備えなければ、職務遂行に必要な能力を持っていても仕事に就けなくなる可能性がある。採用時に外見を判断材料にすることは、今日は「容姿端麗」というあいまいなことばでごまかされているが、およそ20年前にははるかに露骨だった。

韓国で女性の外見を重視する風潮がはっきり表に出はじめたのは1994年初頭だった。大企業44社が、新卒採用に向けて女子商業高校宛てに送った卒業予定者の推薦を求める文書に、「身長160センチ以上、体重50キログラム以下、未婚、メガネ不可」などの条件を掲げていたとして、ソウル地方検察庁に告発されたのだ。挙句に銀行のエレベーター案内係には、１・０以上の視力が求められた。当時これには、韓国女性民友会、全国教職員労働組合協議会、大学教授、教師などがともに問題提起し、男女雇用平等法に容姿に関する条項を禁止する規定が新設されるきっかけとなった。(10)

容姿を差別する雇用者に罰金を科すための法が整備されたのに、ルックス重視の風土はなかなかなくならなかった。それどころか、ある会社で採点表までつくって女性の外見を採点していたことがあきらかになった。韓国鉄道公社《コレール》が韓国高速鉄道《KTX》の乗務員を採用したときのこと。身長１７０〜１７３センチは20点満点で20点、１６６〜１６９センチは15点、というふうに身長と年齢についての詳細かつ厳しい基準を設けて点数をつけたのだ。(11)身長が高くなるにつれて高い点数がつけられたが、１７４〜１７７センチは10点と突然評価が下がってしまう。点数が低くなる理由はあきらかにされていないが、偶然にも１７４センチは韓国男性の平均身長である。

もちろん女性が外見にこだわるのは必ずしも就職のためではない。問題は女性のルックスが就職に大きな影響を及ぼすことにある。これは女性の生活に直結する問題だ。女性が整形手術、スキンケア、ダイエットにお金を使うよう煽りたてられるのは、日常的にも蔓延している社会風潮だが、その対象が女性かつ就活生となればさらに露骨になる。ポジティブなイメージを与えるための口元矯正術といったもっぱら就活生のためだけに考えられた施術と手術をオプションですすめられる。女性により厳しい外見が求められるため、就活中に――就活が収入を得ることを目的とするものであるにもかかわらず――女性は男性より多くのお金を費やすことになる。調査によると、女性就活生が外見を整えるために使う費用は121万ウォンで、52万ウォンの男性より2倍も多い。(12)

自分の見た目をありのまま受け入れることができずに戦々恐々とし、整形手術にハマって、体重にこだわる韓国女性は、ルックス中心主義の主犯だと嘲笑されても非難されても当然、というふうに思われてきた。しかし、高校を卒業もしていない子の体重をどうこう言う文書を送りつけて女の子たちにダイエット薬を服用させ、大学の就活情報室担当者が学生に向かって「この4年間、ダイエットもせず顔もいじらないでなにしてたんだ」と質問し、(13) 20点満点の採点表を作成して女性の身長と年齢に点数をつけて、面接の場で「女性は若く見えてナンボだからね」とうそぶいていた人たちを抜きにして、現在のような事態を招いた真犯人を捕らえることは不可能だろう。

仕事から得られる収入があきらかに少なく、より昇進が遅い女性は、就活中にも男性より好まれない。同じ学校、同じ学科の同期である男女が、仕事に就くまでの時間と受け取れる賃金にどれくらいの差があるかを考えてみよう。女性は学歴のほかに、女性だけに求められた基準をクリアし努力しても、男性に採用のチャンスを奪われてしまう。仕事がなければ、賃金格差を論じることはそもそもできない。それでは、就活の入口で失われる賃金を求めるために、こんな問いかけをしてみよう。女性が仕事を得るまでさらにクリアすべき基準がなかったとしたら、無駄な支出はどのぐらい減らすことができるだろうか。どれほどの女性が、自らを「公正」だと信じる面接官の偏見のせいで就職のチャンスを失い、収入がない状況におかれてしまうのだろうか。また、ハードルを乗り越えて就職に成功した女性たちが、性別を理由に不当な疑いをかけられ、不当な要求をされなければ、どんな仕事をして、どれほどのお金をさらに稼ぐことができるだろうか。

(1) MBCPLUSニュース「〈女性は落とせ〉という指示に……KBO面接スコア改ざんの疑い」2017年8月21日

(2) 中央日報「〃女性は出産・休職するから採用するな〃ガス安全公社、スコア改ざん7人不合格」２０１７年9月28日
(3) 東亜ドットコム「〃女性は取るな〃……面接順位を変え、女性の志願者を不合格させた前ガス安全公社の社長」２０１７年9月27日
(4) 韓国経済「男性は1日10回〈喫煙タイム〉、女性はお昼から10分遅れただけで〈びくびく〉……女子の性差別に涙ぐむ」２０１６年10月17日
(5) 韓国経済「公試、女性天下……男女採用割合「〃割いて〈男〉取るのか〃」２０１６年10月7日
(6) 法律ジャーナル「警察二次公務員試験最終合格者２１１７名発表」２０１６年12月2日
http://www.lec.co.kr/news/articleView.html?idxno=42777
(7) Uhlmann,E.L.,& Cohen,G.L.（2005). Constructed Criteria: Redefining Merit to Justify Discrimination. Psychological Science,16(6), 474-480.
『妻の干ばつ』（アナベル・クラップ著、ファン・グムジン、チョン・ヒジン訳、東洋ブックス）79頁から再引用
(8) Moss-Racusin,C.A., Dovidio,J.F., Brescoll,V.L.,Graham,M.J.,& Handelsman,J.(2012). Science faculty's subtle gender biases favor male students. PNAS,109 (41), 16474-

16479.

(9) 中央日報「だれも教えてくれないオーケストラの10個の秘密」2009年3月19日

(10) キム・エリム「女性の人権侵害告発事件：雇用上の女性容貌制限の問題」民主主義法学研究会資料室

(11) Newsis「KTX女性乗務員たち〝あなたの背丈と年齢はなん点ですか〟」2006年10月16日

(12) 女性新聞「企業向けの外見がある?……〈就活用の整形に悩む〉」2017年2月6日

(13) オーマイニュース「仕事と顔にはどんな関係があるんですか?」2000年10月26日

7

進路選択

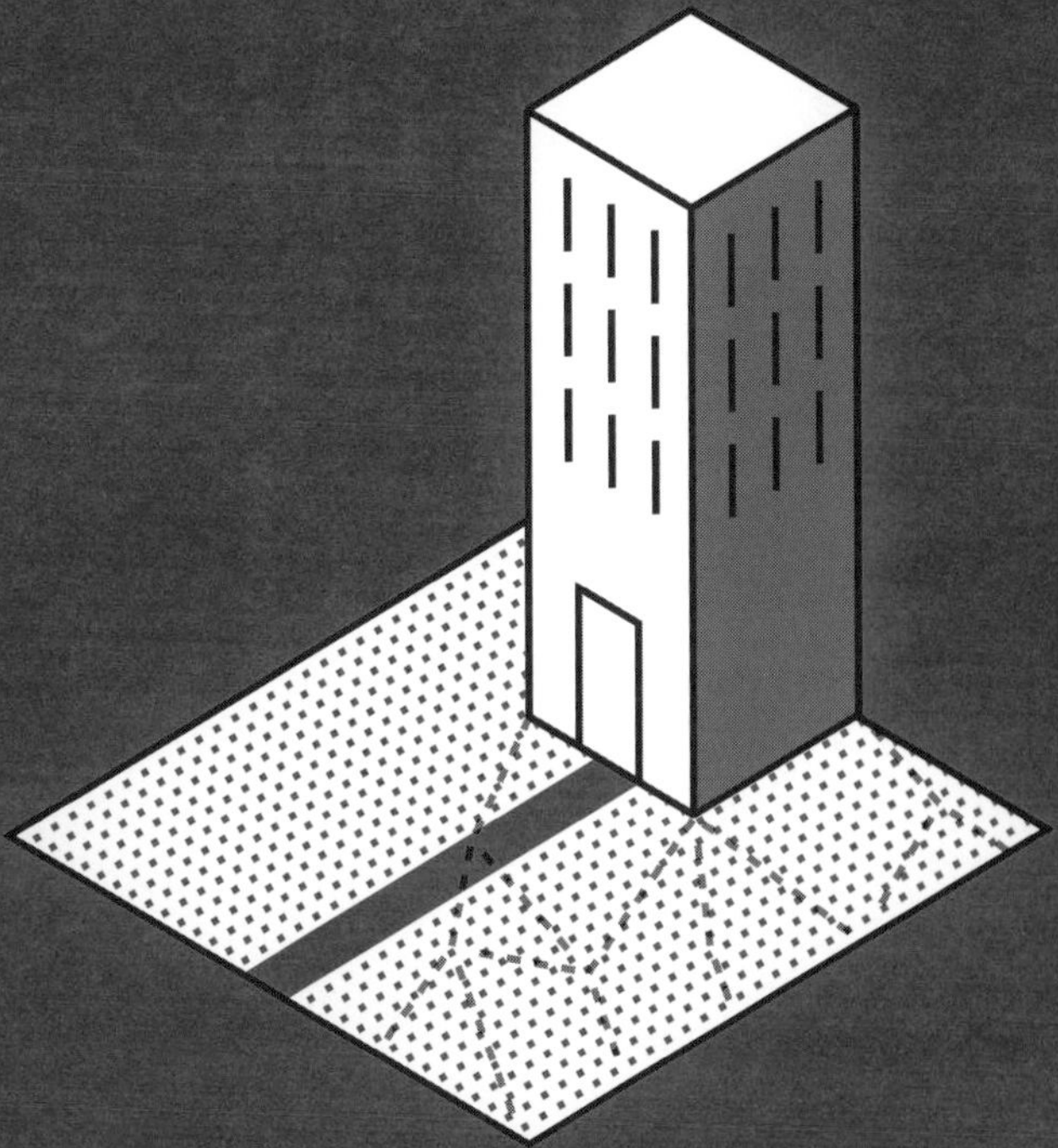

職業世界の外側からさまざまな建物を眺めていたら、ある建物は高く派手に見え、またある建物は他より低くて近くにあるように見えた。女性と男性は建物に向かって走っているようだったが、男性がまっすぐに延びているトラックの上を走ってそびえ立つ建物へと向かっているのに対し、女性は、同じ場所に向かうために男性とは異なる、急勾配の道を見つけ出さなければならなかった。

女性が多い職種の平均賃金は低いという特徴がある。男性が多い職種がすべて高収入なわけではないが、すべての高収入の職種は男性が多い。その理由に非正規雇用の増加があげられるだろう。仕事を選択するときにより多くの制約を受ける女性は、非正規職に群がるほかない。女性には高い熟練度を必要としない職種しか回ってこないのも、その理由の1つだ。女性がある職種で習熟した労働者になるために経験するさまざまな苦労、適切な待遇の不在。それらが女性を熟練度不要の仕事口へと近づけてしまうのだ。

女性の仕事、男性の仕事

この社会は、女性が自分の生活に責任を持つ経済的主体であることを認めない。そのせいで、女性は雇用を保障されず、小さな役割でも満足するように社会化される。女性の能力の1つとして社会が評価している女性性の価値さえ、時間とともに蓄積するどころか目減りする。相互に絡み合う低賃金の原因は、すべてが性差別と関連するものだ。さまざまな条件により、女性は経済的補償が少ない仕事に集まるしかなく、同じ労働をしても少ない額しかもらえない。ところが、女性がこのような境遇におかれてしまうのには、もう1つの要因がある。女性の仕事は、単に女性がやっているという理由だけで仕事の価値を低く評価されてしまうのだ。低賃金という現象は、女性がその仕事に就いたから生じるものであると同時に女性がいるから起こるものでもある。低賃金はまるで影法師のように女性につきまとうのだ。

こんな話をすると、職場内で男性が重要なポストにいるだけでなく、男性が多い職種の仕事はより大変で、だから男性はキツい仕事をよりたくさんまかされていて、より大事な仕事をやっているから高い賃金が支払われているんだ、なんて主張を聞かされる。特に力仕事においては、女性は男性を超えられないといった話を必ずといっていいほど聞かされる。

もちろん筋力は平均的に女性集団より男性集団のほうがあるだろう。では、2人組で50kg、70kg、90kgの重さがある材料を倉庫に入れ、10分後にふたたび倉庫から取り出す仕事は男女のどちらにより適しているだろうか。50kg、70kg、90kgは、実は惣菜の材料、スープの材料、揚げ物の材料の重さである。3時間で218人分の食事を準備しなければならない女性給食労働者の2人は、数の確認のために冷蔵庫にあった材料を取り出し、ふたたび戻さなければならない。(1) 真夏にも暑さに耐えながらやたらと重い食材とプレートを休む暇もなく持ち上げては下ろし、1500個もあるプレートを2時間で洗い終えなければならない。結論から言えば、女性は力仕事をたくさんしている。そして上手にこなしている。仕事をし過ぎて膝を痛め、腰痛になることもある。調理室の暑さに、熱中症になることも日常茶飯事だ。しかしこの労働は、低賃金の職種に当たる。ごはんをつくること、これは女性がもともとやってきた仕事であるからだ。

軽工業が韓国の基幹産業に選ばれたとき、女性たちは皮膚病などあらゆる疾病をわずらいながら、清渓《チョンゲ》商店街の縫製工場で休みなく長時間働いていた。農村で働く女性も同様。農村では、農業機械をあつかう作業を主に男性がするので、女性のほうがむしろより厳しい労働を行う。女性は休む暇もなく肉体労働をしている。男性が女性より優れているといえるのは、1度により重いものを持ち上げられることだけれど、それは必ずしも生産性につながるものではない。なにより私たちは、肉体労働のハードさで給与が決まる世界に生きていない。もしそうならば、女性により多くの賃金が支払われなければならない。給与は実際にどれほど重要で大変な仕事かより、どれほど重要で大変な仕事だと見なされているかによって決められ、その金額こそが仕事の重要性を説く物差しとなってしまうのだ。

韓国社会で肉体労働を要する単純労働は、低賃金しか受け取れない職種に属する。ところが、そのなかでも男性が多い職種は賃金が高い。男性がやっている単純労働はキツい仕事で、女性はキツい仕事を嫌がるから低賃金労働に従事しているというおなじみの主張も、このあたりでそろそろ聞こえてくるかもしれない。しかし、比較的高い賃金がもらえるキツい仕事は、女性が望んだとしても就労のチャンスが閉ざされている。厳しい肉体労働があることを了解したうえでより高い賃金を選ぼうとしても、女性は強制的により「ラク」な仕事に導かれてしまうのだ。女性に許された仕事は、1度に運ぶ物の量がグッと少ないか少なそうに見えても、実際はちっとも体を休ませることができないものばかり。なのにこれらの仕事は、より簡単だと考えられ、とんでもなく低い賃金が支払われている。一般的にあまり重要でないと考えられている単純労働でも、男性がやれば重要な仕事とされ、賃金が高くなる。

それだけではない。どうにか男性の多い低賃金労働に就くことができても、女性は女性であることを理由に男性が受け取る賃金の半分しか受け取れない。生産性に応じてインセンティブを与えるシステムでないにもかかわらず、女性であるがためにあらかじめ生産性が低いだろうと予想される。しかし、最終的にこなす仕事量は同じぐらいか、むしろ多いこともある。たとえば造船業が盛んな巨済《コジェ》地域（訳注＝慶尚南道の南海上にある島。巨済市には10個の有人島と52個の無人島がある）では、同じ造船の仕事をしているのに、女性は時給で、男性は日割りで給料が支払われる。社会的に認められる価値が低い職種といっても、男性の場合は生計を立てるための生業として認められ、女性の場合はおかず代を稼ぐための副業と考えられてしまうからだ。

また、労働強度が賃金を決定する要因ならば、肉体労働と同じく感情労働も考慮されるべきだろう。感情労働とは、顧客を気分よくさせるために自分の感情を極度に高めたり抑えたりする労働のことで、主にサービス業で求められる。これまではそれほど重要視されてこなかったが、近年ようやく注目されるようになった。韓国でハードな感情労働が要求される代表的な職業は、電話オペレーターだ。顧客から電話で暴言を聞かされるだけでなく、オフィスでチーム長にバットや傘などで暴行を受け、暴言を聞かされるような環境であったことがあきらかになっている。感情労働の強度が高い電話オペレーターは、ネイルアーティストなどと同じく代表的な女性の仕事であるが、場合によっては最低賃金も受け取れないいわゆる低賃金の職種だ。(2) キャリア断絶後に再就職しようとする主婦たちが、主に働いているためである。既婚女性だからお金を少なく支払ってもいいという根拠はどこにもない。スーパーのレジもまた、筋・骨格系疾患になりやすく、高度の感情労働まで要求される大変な仕事だが、同じ理由で似たような待遇を受ける。

感情労働同様、ケア労働の主な働き手も女性である。韓国でケア労働の従事者は労働者として認められにくく、法の枠外に存在しがちだ。そのうえ、特別な訓練が必要ない仕事と認識されているという特徴がある。女性には生まれたときからケア労働に従事できる能力が備わっていると信じられているのだ。このような間違った思い込みは、お金をあまり支払わなくてもいいという結論へとつながる。キャリア断絶後に再就職しようとする40～50代の女性が多いケア労働は、女性がもともと家庭内でお金をもらわずやっていた労働だという理由で労働権さえ認められない。ケア労働者は個人事業主に分類されるか法の保護の対象から外されるため、雇用保険の恩恵を受けられず、人づての紹介や斡旋業者を通じて仕事にありつくのを期待するしかない。賃金はもちろん低い。パートタイムで給料をもらい、1カ月間76時間を働いても57万ウォンしかもらえないため、低賃金と不安定な雇用に苦しめられる。(3) 付添人、保育士、ベビーシッター、介護福祉士など、みんな同じだ。しかし、ケア労働は肉体的につらいだけでなく、当然のことながら専門性が要求される。このように女性は家庭内でのケア労働を引き受けるため賃金労働をやめるか減らす一方、賃金をもらってケア労働に従事する際にも不利な条件におかれてしまう。

同じ職場内でも、業務内容は変わらないのに性別によってポストが変わり、賃金と雇用形態が変わる。専門性など当然ながら認められず、その結果、非正規職になるのは女性である。その一例として、韓国鉄道公社はKTXの女性乗務員採用の際、契約社員として系列会社が雇い入れるかたちをとった。サービス職は単純労働で、重要な仕事でもないから、外部業者にまかせてもいいという判断が根底にあった。ところが、既存の職員124名は、列車チーム長というポストとして直接雇用された。その全員は男性だった。女性乗務員は彼らより低い賃金をもらい、不安定な雇用条件で働かなければならなかった。名札やハンカチなどの備品を交換すると、その経費を賃金から引かれる始末。しかし、実際の業務内容は男性の列車チーム長とほぼ同じだった。(4) 採用の際に、1年後正社員登用、公務員に準ずる待遇など約束していたKTXは、乗務員が間接雇用に抗議してストライキを始めると、彼女たちを全員解雇してしまった。企業がコストを削減しようとするとき、女性はいちばんんターゲットになりやすい。KTXのいかさまに抗った乗務員の闘争は、4000日にも及んでいる（訳注＝解雇乗務員たちは12年間の闘いを終え、2019年復職を果した）。

女性の強みが生かせるだろうと期待される分野においても、女性はいつも二番手と思われ、専門性をそれほど認められない。相対的に社会的な評価が高い職種であっても状況は変わらない。女性が多い翻訳業界では、どう評価されているかにかかわらず「大御所」と敬称がつくのはいつも男性のほうだ。一方で女性翻訳者には、単なる副業としてやっているか、生きていくためやむなくやっているというイメージがつけられやすい。女性の労働は、生活のためと認められなければならない場合でも趣味や娯楽と思われる。同じ分野で働いている男性が専門家や芸術家として称えられている場合でも、生計を立てる手段としての労働としか評価されない。大御所の称号を得る職業人がほとんど男性であることは、世の中にそのような称号を得るに値する女性が少ないからではないということを、私たちはすでに知っている。

女性が行っている仕事のむずかしさはなかなか認められない。仕事を知的労働と肉体労働に区分したとき、前者を高く評価する韓国社会でさえ、出版編集のように女性労働者の割合が高い知的労働は、代表的な低賃金職種の1つである。出版社の入社試験で女性の能力が優れていることがあきらかになっても、入社後に男性労働者のほうが女性より多くの賃金を受け取るのはいつものことだ。同じ労働をする女性がもらっているのと同じ賃金を男性に提案するには、その金額があまりにも少なすぎると思うのだろうか。

ある労働は、もっぱら女性が多いという理由でスキルが必要ない単純作業に分類される。または、そもそもスキル向上が大きな意味を持たない補助的な業務だけが女性にまかされる。仕事の意味は社会的に規定されるため、どんな仕事が低賃金にふさわしい単純労働か区分することは簡単でもないうえに、今それを議論するのはあまり意味がない。確かなのは、低所得の職種に女性が集まれば集まるほどその職種の低賃金化が起こるように、ある職種に男性が就くと賃金が高くなり、賃金が高くなると男性が集まるということ。因果関係を明確にすることはできないが、賃金水準と性別は影響し合っている。特定の職種の賃金水準と男女比は、けっして固定されたものではない。賃金水準が低くなると女性が増え、女性が増えれば賃金水準が低くなる。

この現象は、特定の職種の賃金水準と男女比がどのように変化してきたかを見ることであきらかにすることができる。プログラマーという職種への社会的認識が、時代と場所によってどのように変わってきたか。その歴史を見ることはよい手がかりを与えてくれるだろう。プログラミングの仕事が世にはじめて登場したときは、縫製と同じぐらい些細な仕事と考えられていた。あまり知られていない事実だが、今や新産業の中核となっているコンピュータープログラミングの歴史は、女性によってつくられた。しかしこの分野が発展して男性が進出すると、いつの間にかプログラミングは縫製とは違って「重要な」仕事と認識され、当然賃金も上昇した。米ニューヨーク大学、ペンシルベニア大学とイスラエルのハイファ大学の研究者が行った共同調査によると、1950年から2000年代までのアメリカでは、もともと男性が多かったレクリエーションインストラクターとチケット販売員を女性がするようになり、すると平均賃金がそれまでに比べてそれぞれ57%と43%減少した。デザイナーの平均賃金も、女性従事者が増えてから34%減少している。[5]

こういった賃金の変化は、時代によってのみ起きるものではない。韓国では代表的な高賃金の職種である医師。しかし、ロシアでは低賃金職種に属し、女性従事者の割合が非常に高い。[6] だからこそ「ガラスのエスカレーター」現象のポジティブな面としてよくあげられるのが、女性職場で男性がスピード昇進すれば男性が集まり、職種全体の賃金が上がる、というものだった。

似たような職種においても、あるいは社会的重要度であまり差のない職種においても、性別によって職種が分けられると報酬に差が出る。ジムのヨガインストラクターは、時給7000ウォンを支給する時給制で募集し、パーソナルトレーナーは月200万ウォン以上を支給する正社員として採用する。パートタイムのヨガインストラクターは女性が多く、正規職のトレーナーは男性が多い。果たして両方の価値にはどんな違いがあるのだろう。同じような例として、警備職と清掃職がある。1990年代初頭、延世《ヨンセ》大学校で警備労働者は正社員として、清掃労働者は日雇いとして雇用された。また説明するまでもなく、警備員は男性、清掃労働者は女性だった。清掃労働者たちは、同一価値労働同一賃金の基準に基づいて賃金の差額を支払うよう訴訟を提起した。(7) しかし、その要求はついに受け入れられなかった。警備が清掃より重要な仕事で、警備員のほうがより働いているという理由だったが、実際どちらの仕事がより重要かを判断するための明確な基準といったものは存在しない。確かなのは、警備職に移ることを希望する清掃労働者はいても、清掃職に移ろうとする警備員はいないだろうという点だ。同一価値労働という論争が起こり得る2つの職種のうちでは、いつも女性が多いほうの賃金がより低い。

反対に、男性の賃金はいつだって女性より高い。女性が多い職種のなかで比較的賃金が高いのは製薬会社である。ここで働いている数少ない男性は、主に営業かマーケティング部に配置されるのだが、この部署は他の部署より賃金が高い。医師の場合も、診療科による年収が成績順に決まるわけではない。韓国で医師は基本的に収入が多いほうではあるが、そのなかで小児科はより稼ぎが少なく、整形外科はより稼ぎが多い。小児科医と整形外科医が、必ず同じ賃金を受けるべきか、小児科と整形外科のどちらがより重要であるかを判断することはむずかしい。ただ男性の医師は、さまざまな専門分科のなかでも賃金が高いところに集中している。言いかえれば、賃金が高い分科は男性の医師の割合が高い。

なぜ選ぶのか

では女性は低い待遇を受け少ない賃金をもらいながらも、どうして女性が多い職種を選んでしまうのだろうか。もちろん職業の数だけ、それを選択した女性の数だけ、さまざまな理由があるだろうが、そのような選択をするようにはたらきかけた社会的認識を無視することはできない。私たちが特定の仕事に固定のイメージを持つプロセスには、社会通念が介入する。とある仕事を生業として選択するときにも、個人の意志だけで決定されるわけではない。どんな職業が女性に適していると考えられ、どんな職業がそうでないかは、成長の過程でいくらか学習される。これが特定の仕事に就くことへの心理的な壁となるのだ。

女性は、比較的大きな影響力を行使できて、冒険的で、目立つ仕事を、自分とは合わないと思い、その反対を好むように社会化される。また、仕事の成功のために生きることより、安定した職場でつつましく働き、家庭をになうことが期待される。女性は医学部に行けるほど成績がよくても薬学部か看護学部に進学し、将来誰かを教える仕事に就きたいと思いながら教授は目指さずに小学校の教員を養成する「教育大学」に進学する。文章を書くことが好きでも作家ではなく翻訳家を目指すこともよくあることだ。

さまざまな条件を避けていたら夢でもなかった仕事にたまたま就いたというケースもある。男性が多い職種を避けた、というのもその理由の1つかもしれない。男性の多い職場では、女性が積極的に排除され、なかなか成果を認めてもらえない。職場内で性的な対象として見られる可能性も比較的高く、実際にたくさんの事例が報告されている。職場内の性被害ももちろんあるが、それより日常的に行われるセクハラ、同僚として尊重されない雰囲気、告発していいかどうか迷うが間違いなく不快な出来事にしばしば出くわしているだろう。男性の同僚たちがグループチャットで女性社員のルックスを評価し、性的な冗談を交わし、相手の意思など気にもせずに言い寄ってくること。どんな職種でもそれほど変わりはないだろうが、特に男性の多い大企業で女性が対象化され、孤立するという話には、私たちの想像を超えるところがある。逆に女性の多い職場では、少なくともこのような不快なことが起きる頻度も確率も低く、問題が起こったときの雰囲気や周りの反応が男性の多い職場よりはいい、といった話が聞こえてくる。

結局個人の選択とはいえ、男性の多い職種の賃金が高い社会で、仕事の適性ではなく、差別的環境と組織文化のためその職種を避けるとなれば、それは経済的報酬をあきらめるという結果を生む。男性はする必要のない選択だ。当たり前のことだが、比較的女性が通いやすい女性の多い職種といっても、男性の上司や仕事の関係者からの暴力に常にさらされるというのは、また別のむずかしさである。

女性に小さくなっていることを求めず、男性中心の職場環境が女性を抑圧せず、女性の成功をこのようなかたちで妨害するような社会でなかったなら、女性は今とは違う仕事を選んでいたかもしれない。そしてなによりも、そのような社会では女性の多い職種が蔑まれることはなかっただろう。

女性の職場とされるところで働く女性は、その仕事を選んだ理由について「自分が女で

「女であることとは関係ない」と職業と性別の間に線引きをすべきだと思ったり、あるいは「女だからすることになっただけ」と職業と自分の間に線引きをすべきだと思ったりして気持ちが揺れ動く。仕事に満足するか、あるいは仕事と距離をおく自分に満足するか、となるわけだが、こうした葛藤は、私たちが女性という自分の性別に向き合うことと似ているだろう。仕事を見下されたりほめられたりするとき、それが職場の特性というよりは、女性が多い職場だというところからきているからなのだ。

実は、女性が多い職種での低賃金と差別的待遇の話において、ひとりの女性がその職業を選ぶ際に社会的プレッシャーが大きく作用したのか、自ら選択したのかを判断することはそれほど重要なことでもないし、そもそも不可能だろう。重要なのは、女性に選択肢がさまざまな方面から限定されている現状と、それが生み出す結果である。この問題において女性たちの失われた賃金を見つけるためには、次のように問いかけるべきだろう。個人がどんな動機から職場を選んでいようが、女性の仕事と思われている職種が些細で、周辺的で、重要度が低く、副次的で、副業や趣味として考えられていなかったら、また生計のための労働であることと専門性が認められ、それにふさわしい待遇を受けていたとしたら、女性はどんな仕事をして、その仕事には果たしてどれぐらいの賃金が支払われたのだろうか。

⑴ 毎日労働ニュース「とある学校給食労働者の労災事件」2011年11月16日
⑵ JTBCニュース「〈暴力振るわれる電話オペレーター〉助けを求めるも……」2014年2月23日
⑶ プレシアン「ケア労働者にもまともな休みが必要だ」2017年6月12日
⑷ Daumストーリーファンディング「KTX女性乗務員の闘いは終わっていない」6話
⑸ The New York Times 'As Women Take Over a Male-Dominated Field, the Pay Drops' 2016年3月16日
⑹ 東亜日報「世界の目、ロシア経済の今」1992年7月9日
⑺ 中央日報「男女雇用差別、審判台へ――〝同じ労働をするのに、低報酬は不当〟」1991年4月8日

8

達成度評価

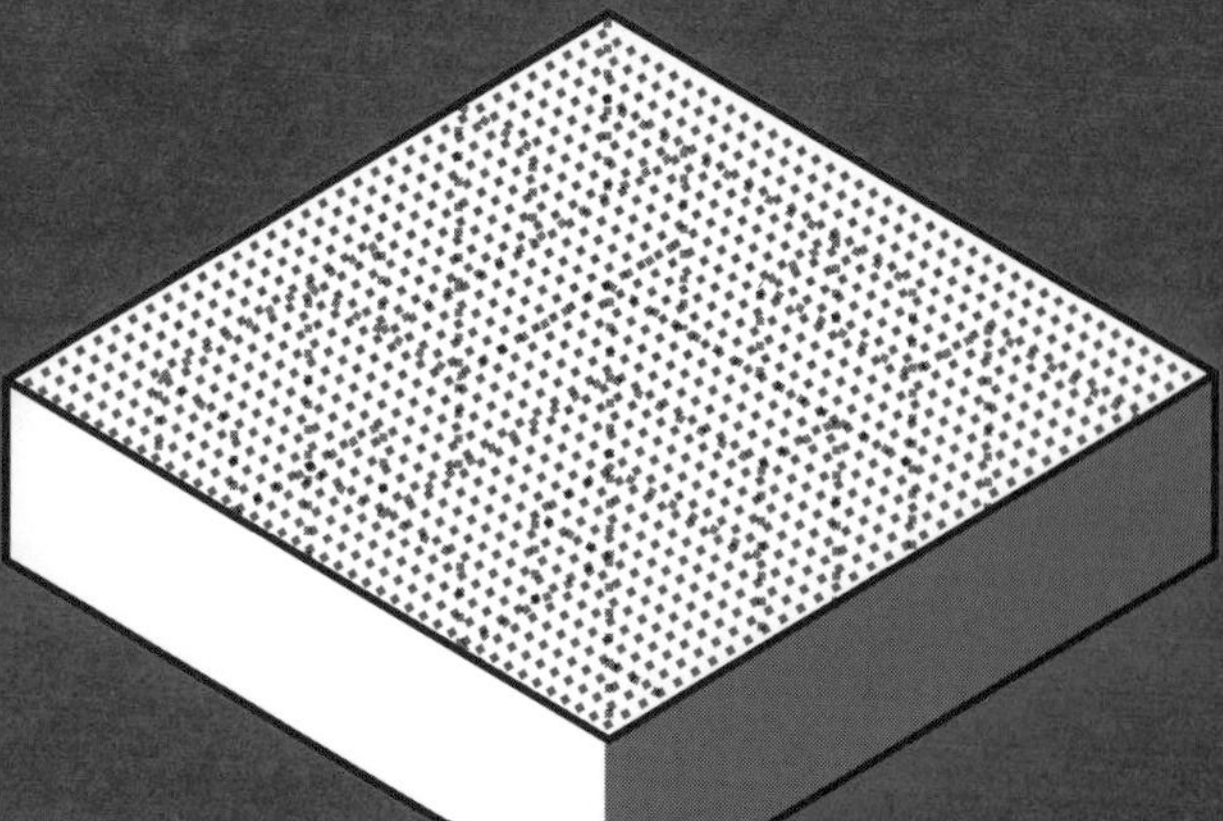

就職に向かう急勾配の道に差し掛かる前から、女性は知らず知らずのうちに罠の仕掛けられた迷路に入り込んでいた。

女性の学習能力が、男性より優れているのは有名な話だ。しかし、この事実が女性に利益をもたらすことは、はっきり言って、ない。男性の合格ラインは、同じ点数をもらった女性にとっては不合格ラインとなる。理由は女性の学習能力がより優れているから。男性が大学でオールAをもらうのは大変なことだが、女性はもともと成績がいいからオールAをもらっても大したことないという理屈だ。「能力に応じて報酬が与えられる」「与えられた報酬がその個人の能力を証明する」とされる社会において、女性は自分と同じ性別の人々が高い学習能力を持っているせいで、就職に有利な条件をあらかじめはく奪されるというわけだ。したがって、女性が男性と同じレベルの報酬を得るためには、男性よりも高いレベルの実力を身につける必要がある。

企業説明会に出席した学部卒業予定者が、書類審査の通過に必要な成績の最低ラインについて質問すると、性別によって異なる返事が返ってくる。女性はA以上、男性はB以上が必要だというのだ。理由は女性の成績が高いから。ひどいときは、企業が男性に求める成績の最低ラインがもともと低いにもかかわらず、女性はもともと成績がいいということから、さらに甘い基準で男性を採点する。兵役を終えて復学した男子学生は、復学生に配慮する教授の授業で本来より１つ上の成績がもらえることだってある。すべて私の実体験か、自分の耳で聞いた話だ。

　大学入試ではどうだったか。中央《チュンアン》大学校の財団理事長パク・ヨンソンは、新入生の選考過程に介入した。「白粉《おしろい》をつける女子学生をいっぱい取ってどうするんだ。今後役に立つ男子学生を多めに取れ」という趣旨の指示を出したのだ。これにより、男子学生はより高い点数をもらい、書類の評価基準に達していなかった場合でも、面接のチャンスをより多く得ることができた。(1)

　では、高校入学ではどうだろうか。２０１５年に自律型私立高校（訳注＝一般高校とは違って、カリキュラムや学校運営における自由が保証される学校。学生にさまざまな教育の機会を与える、という趣旨で２０１０年から導入された学校モデルだが、自律型私立高校の高い授業料が払える階層にしか、高いレベルの教育の機会が与えられないといった批判もある）であるハナ高校が入試の成績を改ざんした事件が教員の内部告発によってあきらかになった。ハナ高校が不正までして成績が低い男子生徒を合格させたのは、理事長の指示があったから。「男子生徒を多く輩出すれば学校のためになる」というのが指示の理由だった。書類選考の段階からすでに男子学生により高い点数をつけるように指示があり、書類と面接の成績を合算したExcelファイルで改ざんした点数が、実はすでに1度改ざんが行われた成績だったことがあきらかになった。(2) 学校の定員が決まっている以上、男子学生より高い点数をとった女子学生が落とされ、合格者のなかでも相対的に高い成績で入れるはずだった女子学生も本来より低く評価せざるを得なかったのだ。

高校を卒業し、4年制大学を出て就活をするとき、男子学生はそれまで成しえたことが少なくても面接を受けるチャンスをもらい、よりユルい基準で試験にパスし、ときにはより低い点数でさらに高い点数の女性を蹴落として採用される。成績がその人の実力を評価する唯一の基準になってはいけないが、性別でも同じことが言えるだろう。成績が基準を下回ったら落とすべきだと言っているのではない。男子学生が続けざまにチャンスを得ているあいだ、彼らと同じような成果を出した女子学生はその分だけチャンスを失っている。女子学生の成績が優れているとしたら、それは女子学生が熱心に勉強をしたからだろう。しかし女性は、その努力を正当に評価されない。もしも公平な評価を受けることができ、不当な方法で優遇されてきた男子学生たちに押し出されていなかったなら、女性はどれほどの採用のチャンスを確保し、どれほどの賃金を得ることができたのだろうか。

(1) ハンギョレ新聞「パク・ヨンソン〝白粉をつける女子学生をいっぱい取ってどうするんだ〟」2015年5月20日

(2) 京郷新聞「〈ハナ高校、男子学生を増やそうと入試の点数を改ざん〉現職の教員が暴露」2015年8月26日、ハンギョレ新聞「〈男女比入試改ざん〉疑惑ハナ高校、自律型私立高等学校指定取り消しも」2015年8月27日
http://www.hani.co.kr/arti/society/schooling/706340.html#csidx872709a88f7d94493346e4735cdd6d8

9

資源

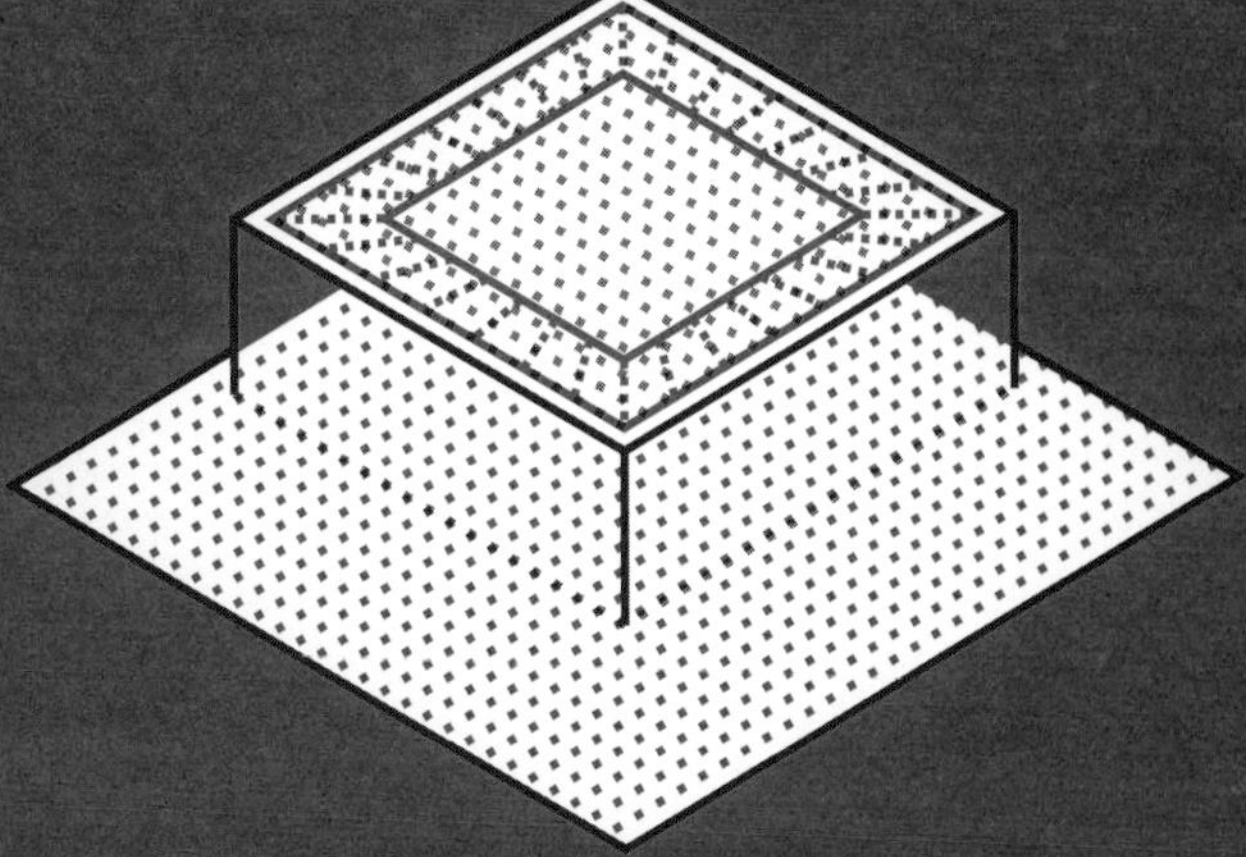

跳躍を準備している女性の前には硬い踏切板が、男性の前にはトランポリンが置かれている。

最終章では、職場での生活や就職活動に飛び込むはるか昔から、女性にはあまり与えられてこなかった有形、無形の支援をめぐる話をしてみよう。女性と男性はずっと小さい頃から、このような「資源」の格差のなかで育っている。

家庭の支援

? 男ひとりでソウルに行ってまで勉強しようとしないで、地方大学に行けば?

? 娘でもなく息子なんだから、大学の授業料までは出せない。学費が全額免除になる奨学金がもらえないなら大学はあきらめて。

このような理由でソウル内の大学に行ける成績でも地方の国立大学に進学すること、女性のきょうだいに大学進学のチャンスを譲ること、姉や妹を大学に行かせるため工場で働くこと、大学にかよいながら1人暮らししている女きょうだいの家事をやるという条件で進学を許されること。これらのことを男性が経験することはあまりない。だが、性別を逆にすれば、これは女性が今なお直面している現実だ。最後の例は、今ではあまり見なくなってきている。近年だと、現役で受からないなら大学をあきらめるように言われ、実際の成績より下の大学に進学する娘と、2浪、3浪と家の手厚いサポートを受ける息子が、同じ家庭で育っているということがある。あるいはできるだけ早く就職するため4年制大学の代わりに短大に進学する娘、大学には入っても交換留学の機会を断念するようにすすめられる娘のケースもある。

そのような決定を下す理由や家庭事情はそれぞれ違うはずだ。ただ家計が厳しくなると、娘の高等教育はより簡単にあきらめられてしまう。家計に余裕があるのに、娘の上級学校への進学を故意に妨げる親もいまだにいる。このように意識的であれ無意識であれ、親が子どもに与える精神的・経済的資源が性別によって異なる場合は、子どもの可能性にも性別によって最初から差がついてしまう。それだけではない。ある種の成果は、それにふさわしい結果につなげることができないまま途中で無駄にされたりもする。

経済的支援と同じぐらい、心理的な支持もまた成果を出すのに重要な要素である。ところが、娘の教育にお金を惜しまない親であっても、息子のときとは違って娘にはチャレンジするように勇気を与えるどころか、かえってブレーキをかけることがある。「娘を苦労させたくないから」という理由だとしても、結果は同じだ。大胆さ、勇気、冒険、挑戦といったことばが女の子には似合わないという社会認識のなかで、親が自然と娘に向けることばと態度は、差別と同じ結果を生んでしまう。困難が予想される進路を子どもが選んだとき、息子には支持のことばをかけて勇気づけ、娘には懸念のことばをかけて引き止めることは、彼らの成長に大きな差をつけてしまう。

この2つの現象はもちろん、互いに絡み合って起こることもある。経済的な成果をおさめることがむずかしいか、社会が認める確かな成果とはかけ離れているように見える道を子どもが進もうとするとき、親がそのリスクを受け入れ、投資し、応援することは、娘にはめったに起こらないことだ。また親が性別と関係なく積極的に支援しようとするときでも、社会がつくり上げた雰囲気のなかで女の子は、自分が進もうとする道の厳しさや、サポートを受けてはいるものの失敗はあまり許可されていないことを、男の子よりはっきり認識する。またこれは、今まで見た差別的な環境のなかで成果をあげようとしてきたすべての女性がそうしてきたように、さらなる努力につながる。同じ学校、同じ学科に入学した女子学生が男子学生に比べて成績が高く、家の経済力がよりよい傾向にあることを目撃したとしたら、それは偶然ではなく、私たちがごく少数の良家の娘しか大学に進学できない過去からまだ完全に抜け出せていないため、と考えなくてはならない。女性は成長過程で、資源を確保し、自分の進みたい道を進むことができるようになるまで、より多くのハードルを越えなければならない。

社会の支援

女性には養育者の物質的・心的な支えだけでなく、成果を出すうえで必要不可欠な自らの心理的資源も十分に備わっていない。女性が生まれながら劣っているという偏見は、女性の成果にすぐさま影響を与える。昔から男性の得意分野と知られている数学がその端的な例だ。カナダで学生を対象に3年間行われた調査の結果によると、「男性は遺伝的に女性より数学が得意だ」という内容の文章を読んだ女子学生は、次の試験で前よりも低い成績をもらった。他方、「性別と数学の実力には後天的な関係があるか、あるいはまったく関係がない」という内容の文章を読んで数学の問題を解いた学生たちの成績は下がらなかった。(1)

女子学生は自らの能力に不信を抱きながら成長するのに対し、男子学生は自分の実力を過大評価しながら成長する。(2) 女子学生は自分が女性であるためにどうしても数学はできないという苦手意識を持ち、それが実際の成果に影響を与える。一方で男子学生は周りと自らの期待どおり、自分は数学に強いと信じている。たとえ今はそうでなくてもいつかはできるようになる、という周りからの期待を受けることで相対的に数学への苦手意識を感じずにいられ、これまた実際の成果につながるのだ。自分自身への期待が実際の結果につながる効果を意味する「自己成就的予言」が力を発揮する瞬間である。そしてこのような結果が、男性は数学に強くて、女性は数学に弱いという見込みをふたたび強化する。

女性は男性に比べて、自分の成功への信頼が持てない。このような心理的資源の不在は、あきらかに実際の成功に悪影響を与える。しかし、男性やその周りの支持と信頼によってしっかりと守られてきた「男は数学に強い」という神話も、今や崩れてきている。数学分野で女性が次第に力を見せており、特に性差別が少ない社会ほど女子学生は数学で男子学生を上回っている。

ところがこのような変化が現れると、社会は突然男子学生が学校生活に適応できなくなっていることを問題視しはじめた。男子学生は脳がゆっくり発達するため、既存の教育制度が男子に不利だというのだ。アメリカでは大学に男子学生が不足しているからという理由で、幼稚園から育てられる「反教育」感情、男子学生の勉強への興味を低下させる教育機関、女子学生に感じる「相対的はく奪」、努力しお金をかけてまで大学に行く必要がなくなった社会状況などを問題視し、性別間のバランスをとるためには、小学校にまで男子学生を探しに行き、勧誘しなければならないという声があがった。大学が女性の「生物学的劣等性」を根拠に、長い間、女性の進入を禁じていた機関であったことを考えると、かなりいい加減な反応である。(3)

このように、社会は女性の心理的資源をはく奪するだけでなく、男性の心理的資源を補うために力を尽くす。男性の成果があまり目立たなくなると、学校をはじめとする社会は、脳科学や経済学を総動員し、男性の将来を配慮しようとするのだ。男の子の場合、ふだんの成績は悪くても大学入試に強い、出だしは遅いがあとから大成する、といった激励が社会じゅうから聞こえてくる。これは早くに成果を出すことができない男性の心理的資源を補い、彼らを守るセーフティネットとなる。

女の子たちには、このようなセーフティネットがないだけでなく、生き方の参考にできるロールモデルもまた極めて少ない。したがって女性は就活戦線に飛び込むずっと前から、つまり好きななにかをあきらめる前から、そもそも好きになることの数が少ない。自分の趣味や嗜好をつくり上げていくのに、女性はいろいろな分野で成功した女性を見つけることが男性に比べてむずかしく、したがって「この道は女性である自分には絶対無理だ」と思い込むようになる。こうして女性が憧れる対象の幅は、男性より偏りが生じてしまうのだ。女性というだけで昇進がより困難で、採用時にクリアしなければならない条件が多く、職場から簡単に追い出され、可能性が低く見積もられる社会が、今まさにスタートラインに立った女性たちの可能性を抑圧する結果をもたらす。

学校で女の子たちの成績のほうがいいという話は、逆差別を主張する人たちの根拠となることが多い。彼らは「結果が同等でないこと」を差別と解釈する。しかし、成績はそれぞれが努力して得た結果であり、差別は結果をどう扱って認めるかにかかわる話だ。成績に差があるという事実だけでは、差別についてなにも説明することができない。学力という結果ができあがるときに、地域や経済的地位といった要素が関係するのは事実だ。だが、性別に関してだけいえば、むしろ成長の過程でより少ないチャンスしか与えられないのは女性のほうだ。社会的弱者のなかでも、女性がより弱者であることは言うまでもない。女性が教育を受けられるようになってから間もなく、男性よりも高い成果を見せはじめたという事実は、これまでの女性を劣った存在として見てきた性差別がいかに荒唐無稽なことだったかを証明している。結果だけを見て、今は女の子が男の子よりもよくやっているからといって、男の子をもっとサポートすべきだという判断を下すことは、平等から積極的に遠ざかろうとする宣言のようなものだ。女性の成績がよりよい理由をあきらかにすることはできないが、はっきり言えることは、資源をあまり持たずに生きてきた女性の切実さも影響しているはずだということ。だからいっそ女の子があまり追いつめられなくてもよく、より失敗できる環境を整えるため真剣にならなければならない。

女の子だという理由で親が投資を控えず、女の子が自分の能力を疑ったり過小評価したりする環境におかれることなく、失敗してもあたりまえにその次がイメージでき、自分では選べない選択肢があると思わなくてもよくて、どんな可能性もあらかじめあきらめる必要がなければ……。達成不可能と思いつつ、それでも望んでしまったことのために、道を探り、必死に工夫しなくてすむならば……。私たちは最後に、次のような問いを投げかけることができる。もしそうだったならば、今、新しく社会にたどり着いた女性たちの人生に広がる道は、どんなに広くてまっすぐ延びているのだろうか。

(1) ＥＢＳニュース「女子学生は数学に弱いのか?」２０１５年10月22日
(2) The Huffington Post「Men Totally Overestimate Their Math Skills And It May Explain The STEM Gender Gap」２０１５年6月25日
(3) 世界日報「〈女高男低〉さらに深化……男子学生を探しはじめた大学」２０１７年8月9日

終わり――あるいははじまり

これまで私たちは、賃金労働をする女性の仕事場からスタートし、その人生までをふりかえってみた。さて、最初の問いに答える準備はできただろうか。まだ問いが不十分だとしたら、問いをこのように立て直してみてはどうだろうか。

生活を営むうえで女性により多くの出費が余儀なくされる今日の韓国社会において、賃金労働をしながら生活する女性に自分の能力を疑ったり過小評価したりする心理的な壁が存在せず、成長過程で親から受ける心理的・物質的支援が性別を原因に制約されることなく、社会が男性の成果のほうを高く評価することなく、性別が原因で職業の選択肢が狭まることなく、採用時に男性が好まれず、着飾りに時間と資源を使うことが仕事上の必須要件でなく、仕事が終わってから他の人がやるべき再生産労働を代わりにやるのに時間、体力、気力を使わなくてもよく、男性の仕事がより大事なものとされず、男性の昇進があたりまえだとされない社会で賃金労働をしていたとしたならば……。このような仮定をしたときに受け取れるはずの給与をベースに、女性がもっと受け取れるはずだった賃金の金額を求めよ。

今は、これ以上に長い問いを用意したとしても答えを出すことができない。だが、男女間の賃金格差という指標にどんなものが盛り込まれていないかについては、考えをめぐらせてみることができるだろう。韓国の男女間賃金格差は、ＯＥＣＤ調査が実施されて以来、1度もトップを逃したことがないぐらい明確なものとなっている。しかし、この深刻な結果さえも女性を不当な貧困に追い込むセクシズムの一面しかとらえていないことを理解するには、この問いだけで十分なはずだ。

それに、私たちのモヤモヤをわずかながら解消してくれる具体的なヒントもある。アメリカの経済シンクタンクであるマッキンゼー・グローバル・インスティテュートが、男女平等によって得られる経済効果を算出したのだ。研究によると、２０１５年を基準に社会がこのまま維持されたとき、10年後の2025年までに全世界が成しとげる経済成長の規模は約33兆ドルに達するという。ところが、これに完全な男女平等が実現されるという仮定が追加されるだけで28兆ドルの経済効果がさらに生まれる。(1) アメリカと中国のGDP1年分を合わせた金額だ。男女平等が実現されないだけで、地球上でもっとも豊かな2カ国の国内総生産分の経済価値が失われる。これだけは性別とまったく無関係な問題だ。女性の経済力が奪われたことで、追加で発生したかもしれない利益を失うのは女性だけではない。たとえば女性のキャリア断絶によって韓国で生じている損失は、毎年15兆ウォンである。(2) 国際通貨基金(IMF)のクリスティーヌ・ラガルド専務理事は最近の演説で、役員に登用された女性が増えると企業の収益性が上がるという研究を引用した。欧州の企業200万社を対象に行われたこの研究によると、役員の女性が1人増えれば、総資産利益率が8~13bp(訳注=basis point 金利の表示単位で、1bpは0・01%)上昇する。(3) このように国の無駄な財政支出を防ぎ、人口減少と高齢化が同時に進んでいる社会においての労働力を浪費せず、企業の生産性を向上することで生まれる経済効果は、最終的に男性にも利益となって返ってくる。それなのに男性中心主義は、男女平等を全力で拒んでいる。公正になることがより多くの実りをもたらすにもかかわらず、それを女性と分かち合うぐらいなら、成長が少なかろうが女性の分け前を奪うことを選んだのだ。

男性の話はおくとして、数字を見るだけでは実感さえわかないこの巨大なパイに、女性である私たちのそれぞれの分け前はどれぐらいあるのだろうか。もちろん、人間のすべての労働がお金に換算できるわけではない。賃金労働は人間が行う労働のごく一部にすぎない。また、人間の才能や努力が経済的な報いを受けなければ意味がない、というのでもない。特定の分野で見せる才能とお金を稼ぐ能力とは別の問題であり、なによりも能力と富の間には、適性という予期できない変数がある。男女差別がなくなった世界で、女性は今よりむしろ少ないお金を稼ぐことになるかもしれない。現代社会では女性が職業を決定する際、なにかをしないように制限されるだけでなく、なにかを選ぶように誘導されることもある。両サイドから選択の幅を狭められているのだ。男女差別がなくなった世界では、少ないながら安定した収入を得ている女性が、収入が今より少ないかまったく得られない芸術家や学者の道を選ぶかもしれない。つまり富は、進路を決定する際に考慮するさまざまな要素の1つにすぎない。

しかし、だからと言って、これまでの主張をくつがえす余地が与えられるわけではない。まず、賃金労働ではない労働の大部分を占めている家事労働を女性がずっと担ってきたという事実を計算に入れるだけでも、女性が我慢してきた貧困の歴史がいかに不当なものだったかがずっとあきらかになる。またすでにふれたように、富の蓄積はさまざまな方法で行われる。現在、女性は世界で人間に必要な労働の66%を行いながらも、地球上で得られる収入の10%しかもらっておらず、全資産のたった1%だけを占めている。[4] したがって、賃金所得に別の収入を加算し、賃金労働に他の労働を加えたうえで改めて計算を行えば、これはかえって女性の排除がいかにさまざまなレベルで行われてきたかを確かめる機会となるだけなのだ。男女差別のない社会で女性が別の選択をすることにより、収入がより不安定になるだろうと予想される場合も同じだ。自ら人生を選ぶことができるという自由とは、お金に換算できない価値なのだが、そのことはさておき、セクシズムがなくなるとしたら、現在の職種と新しく選ぶ職種で、女性がどんな待遇を受け、可能性を与えてもらえるのかについて、考えをめぐらせてみることに意義がある。そのことで私たちは、今の女性たちがどのような可能性を奪われたまま暮らしているのかをより実感することができる。

そしてこの際に奪われた可能性とは、生きている女性にかぎられる話ではない。

全世界で毎年約1億人の女性が、もっぱら性別を理由に消えていく。命を落とし、行方不明になる。韓国、中国、インド、メキシコをはじめとする全世界で、女の子は生まれる前から識別されて死に、生まれても幼児のうちに殺害され、成長したあとは配偶者に、家族に、同僚に、あるいは見知らぬ人に殺害される。告白を断ったから、持参金がなくて、女性性器切除のために、女の子にまで分け与えられる食糧がないから、医療支援を受けられなくて、コンドームの使用を拒んだ男性から性感染症を移され、レイプされて家の名誉を汚したから、熟していないインゲン豆の皮をむいて（訳注＝2015年韓国で、妻にガソリンをかけ火をつけ、殺した罪で50代の男性が有罪判決を受けた。熟していないインゲン豆をむいたというのが理由だったという）、またはたいした理由もなく殺される。人身売買によって行方不明になることもある。賃金の話に集中するためこういった話にはふれなかったが、女性はさまざまな機会をはく奪されており、そこには生きる機会も含まれる。女性であるために失われた可能性について話しながら、生きている女性だけを思い浮かべることも、実におかしなことだと思う。

お金は、ふだん口にするのがためらわれるテーマかもしれないが、とてつもなく重要な問題だ。この地球上で特定の性別が66％の労働を担っているにもかかわらず、10％の収入しか与えられないということを確認したとき、これはもはや、それぞれの生活に満足できるかどうかの次元ではけっして解決することができず、そう解決してはいけない不平等の問題であることがわかる。資源の再配分を見直さなければならない。賃金は私たちがこれまで得てきたあらゆる資源をベースに決定され、これから享受し得る物質・非物質的資源を決定づける。賃金は労働に対して与えられる経済的価値であるだけでなく、職業によって手にしようとする更なる価値の分配のされ方を示す指標にもなる。このように決定された価値は、互いに影響を及ぼす。女性の賃金が理由もなく削られていく職場では、名誉、名声、承認など具体的に測定することができない別の価値もまた削られていく。そして、その価値はふたたび、賃金を下げる根拠として使われる。もちろん賃金がひとりの人間の価値を意味するわけではない。ただ、ある職種において賃金が決定されるプロセスを見ることで、性別によってより与えられたり、より与えられなかったりするのが賃金だけではないことを推測することができる。

生活を営むのにお金は重要だ。しかし、労働の対価としての賃金が、公正かつ妥当なかたちで分配されたかを問うことは、お金の重要性をはるかに超えるものである。私たちに与えられた賃金は、けっして経済理論だけで説明することができず、私たちがそのお金で行使し得る経済力以上のものを意味する。これが性別による富の不平等を説明するさまざまな方法のうち、賃金所得に重きをおくことにしたいちばんの理由だった。

私たちが人間の能力を経済的価値におき換えられる能力主義社会に暮らしている、という思い込みは、現実からかけ離れている。能力主義が正しいかどうかを議論する以前に、能力を重視するという表面上の原則がそもそも正しく守られていない。場合によっては、誰もがすでにこの事実をよく理解しているようだ。能力があれば成功できると言いながらも、実は、親の経済力と人脈で多くのことが左右される。そんな欺瞞的な世界に憤るときは誰も異論を唱えない。ところが、女性が受けている低い待遇は、女性の能力を示す明確な証拠となってしまう。能力主義はとつぜん強固なものになるのだ。したがって、能力主義についてそれぞれがどんな立場にあるかに関係なく、これを生半可に適用し、女性の無能さを女性の低賃金で証明しようとする試みを無力化しなければならない。

金銭的な対価が生存に不可欠な現代社会において、女性は自分の能力に見合わない賃金を受け取っている。これだけは確実なこととしてはっきり言い切ることができる。言いかえれば、これを除いたすべてのことはなにひとつ確実ではない。しかし、だからこそ私たちは、答えを求めることができない条件のなかで、この問題により粘り強く取り組まなければならない。答えに近づこうとする努力を重ねていけば、女性はこれまで素通りしてきた賃金差別の局面を、より細かくとらえることができる。そしてついに、以前から受け取るべきだった賃金を手に入れ、生活環境を実質的に改善する瞬間が訪れるはずだ。

ここまでは隙だらけの質問を補う過程にすぎない。答えを見つけるのは今からだ。本を閉じ、本の外で、つまりそれぞれが属している労働環境で、そしてそれぞれの今までの人生のなかで、手がかりになってくれる記憶を1つ1つ思い浮かべるのだ。とつぜん出くわす瞬間をキャッチするのだ。誰かがしっかりキャッチしたおかげで、見過ごされずにすんだこと、またはまだ語られることがなかったために見過ごされているすべてのピースを余すところなく集めなければならない。

女性が自分ひとりだけの部屋と一定のお金を得ることができるよう、これまで多くの人たちが闘ってきた。受け取るお金の格差を減らすための闘争は途切れることなく続いてきた。しかし、それぞれの経験でしか発見することができないさまざまなケースがまだ1度も表に出ず、どんな現実、どんな闘争にも反映されないまま隠されている。私たちは自分が属している仕事場について話すとともに、聞かなければわからない他人の話に耳を澄ませることであちこちに散らばっているパズルの絵を完成することができる。

思い浮かべられることをすべて思い浮かべ、なにをさらに思い浮かべるべきかに想像力を発揮してみたなら、ハシゴを使って登らなければならないぐらい大きな黒板いっぱいにそれぞれの物語を書きながら答えを求めてみよう。このすべてのプロセスを思うだけで暗澹たる気持ちになるのは当たり前だ。ただ落胆する必要はない。昔から女性は、ずっと隠されたままになっていたことをどうにかこうにかあきらかにすることに優れた才能がある。あきらかになった以上は、どんなに時間をかけてでも必ず変える。今度も女性はあきらめないはずだ。

(1) McKinsey Global Institute「How advancing women's equality can add $12 trillion to

global growth」２０１５年９月
https://www.mckinsey.com/featured-insights/employment-and-growth/how-advancing-womens-equality-can-add-12-trillion-to-global-growth#

(2) edaily「キャリア断絶の女性２００万人……社会的な費用損失、年15兆ウォン達し」２０１４年８月28日

(3) Fonds monétaire international “La femme et l’économie coréennes peuvent s’épanouir ensemble” ２０１７年９月５日
https://www.imf.org/fr/News/Articles/2017/09/05/sp090617-together-korea-s-women-and-economy-can-soar

(4) BFM TV, “Travail, revenus: les inégalités hommes-femmes dans le monde en chiffres”, 2014.9.6
https://bfmbusiness.bfmtv.com/monde/travail-revenus-inegalites-hommes-femmes-monde-chiffres-789755.html

解説

日本で、女性がもっと受け取れるはずだった賃金の金額を求めよ

西口想

『失われた賃金を求めて』の日本語版を読んだ人は、本書がこの日本社会にむけて書かれ、日本で働く私たちに直接語りかけているように感じるだろう。それは男女の賃金差別がどの国にも広く存在するからという以上に、韓国と日本の男女賃金差別の状況がとりわけよく似ているからだ。

女性というだけで、入学試験や採用試験の際に減点されたり、親や社会から与えられる物質的・心理的資源が少なかったりすること。男性の同期が先に出世していくこと。共働き家庭であっても家事・育児・介護の負担が女性に大きく偏っていること。昇進にかかる

負荷が男女であまりに違うこと。男性に期待がかたより、実際に成長の機会が男性に優先的に与えられること。そうして評価され重要なポストを確保した男性が、評価する側に回り、下の男性にチャンスを与えること。その間、女性はささやかで人目につきづらい、しかし誰かがやらなければいけない仕事をこなしていること。女性の多い部署や職種の評価がなぜか、男性の多い部署や職種よりも低いこと。不況時には女性が真っ先にリストラされ、セクハラやパワハラの被害を正当に告発しても社内で孤立させられ、退社させられること。ある分野で目覚ましい成功をおさめた女性が登場すると、一発屋と決めつけられたり、成功の理由を本人の力量以外の部分に見出されたりすること。そうしたすべての結果、女性は自らの手で野望を捨てることが「合理的」な選択となり、男性はむしろありもしなかった野望を持ってリーダーシップを発揮すること。その背景に実態とはかけ離れた男性＝「家長」モデルがあるが、実際には主たる生計維持者かどうかとは関係なく性別によって昇進しやすさが決まること。女性の賃金は男性より割安だが、治安費用をはじめとする女性の生計費は男性より割高であること。こうした構造が、私企業や公共部門だけでなく、フリーランスの労働者やアーティストを含めた社会全体に見られ、私たち一人ひとりの経済力、ひいては生存を左右していること……。

以上は、「迷子」になった女性の賃金と再会するために本書が辿る分かれ道や落とし穴を列挙したものだ。挙げられるのはほとんどが韓国国内のデータとエピソードだが、どの章を読んでも日本での同じようなニュースや経験がありありと思い浮かぶ。

本書は「韓国で、女性がもっと受け取れるはずだった賃金の金額を求めよ」という一見シンプルな問いからはじまる。

しかし、この問いに答えることは非常に難しい。なぜなら、同一の職務につく男性の賃金と女性の賃金との差を求めるだけでは足りないから。さらに、男性と同じように勤務をつづけ出世していればもらえるはずだった賃金の総額を求めるだけでも足りないから。退職せざるを得なかった女性、退職させられた女性、希望する仕事に就職できなかった女性、そのための学歴を得られなかった女性の「生き別れた賃金」も探し出さなければならない。そんなことがはたして可能なのだろうか？　だが、もしも答えを出すことが限りなく不可能に近いとしても、その迷子になった賃金が誰からも探されず、はじめから存在しなかったことにされていいわけがない。本書はそう語っている。

日本の男女格差をあらわすデータ

とはいえ、日本の私たちの出発点もやはり現在明らかになっている格差だと思う。以下、少し細かな数字が続くが、最新のデータを共有しておきたい。

日本でよく報道されるのは、世界経済フォーラムが公表している「ジェンダーギャップ指数（Gender Gap Index）」である。ジェンダーギャップ指数は賃金だけでなく、経済、教育、健康、政治の4分野の総合点で作成され、0が完全な不平等、1が完全な平等を示す。2019年12月発表の「ジェンダーギャップ指数2020」の日本の指数は0・652であり、153国中121位だった。なお、韓国の指数は0・672で同108位。両国はともに経済分野と政治分野での低スコアが順位を大きく下げる要因になっており、男女の賃金格差の大きさ、企業における女性の管理職や役員・経営者の少なさ、女性の政府高官や議員・大臣の少なさなどが影響している。

本書の「はじめに」で引用されるOECDの男女賃金格差は、「gender wage gap」でオンライン検索すれば最新のグラフが出てくる（https://data.oecd.org/earnwage/

gender-wage-gap.htm）。韓国の男女賃金格差が36・7％だった2016年、日本は24・6％で、韓国に次ぐOECDワースト2位だった。韓国がワースト1位、日本がワースト2位という並びは、実は1980年代から30年以上変わっていない。2020年12月現在は、2019年時点か公表されている最新データでの各国の格差が載っている。韓国の男女の賃金格差は32・5％で、3年で4・2ポイント縮まっているものの、OECDで最も大きいことは変わらない。ワースト2位の日本は23・5％で、2016年からの改善率はわずか1・1ポイントだ。なお、OECD平均は12・9％（2016年13・3％）である。

日本の男女賃金格差についての統計では、厚生労働省「賃金構造基本統計調査」（通称「賃金センサス」）が最も詳細だ。OECDの男女賃金格差は中位数（高い値から低い値まで一列に並べたときの真ん中の値）での比較だったが、賃金センサスでは抽出調査に復元倍率をかけた加重平均での比較という違いがある。

2019年の賃金センサスの「一般労働者」（一か月以上の期間で雇用されているフルタイム労働者）の所定内給与は、男性33・8万円（年齢43・8歳、勤続13・8年）、女性25・1万円（年齢41・8歳、勤続9・8年）である。男性を100とした場合の女性の賃金は

74・3で、25・7％の賃金格差がある。女性は週5日フルタイムで働いていても男性の4分の3の賃金しかもらっていない、ということだ。OECDのデータとも大きくは変わらない。

しかしこれは全年齢の平均賃金であることに注意が必要だ。初任給は男女でそう変わらなくとも、年齢ごとの賃金カーブを見ると格差はより露骨になる。50代後半から昇給を止めたり、役職定年制で管理職から下ろしたりする企業が多いため、男女ともに賃金が最も高くなるのは50代前半だが、賃金センサスにおけるピーク時（50〜54歳）の賃金は、男性が42・4万円、女性が27・6万円だ。男性を100とした場合、女性は65・1である。ボーナスを含めた年収では、男性667・1万円、女性409・4万円となる。女性は人生で最も賃金が高い年齢のとき、同年齢の男性労働者の6割しか支払われていない。

この賃金格差は、退職時の基本給×一定率（勤続年数など）で計算されることが多い退職金にそのまま反映され、さらに在職時の賃金×被保険者期間で算出される厚生年金の受給額にも影響する。2019年度末時点で、厚生年金（第1号）の平均月額は男性が164、770円であるのに対し、女性は103、159円で男性の62・6％にとどまっている（厚生労働省「厚生年金保険・国民年金事業の概況」）。仕事を引退しても、一生を終えるまで男女の賃金格差はこのように作用し続ける。

日本の男女賃金格差の要因として、非正規雇用の社会全体への広がり、とりわけ女性の非正規率の高さが影響しているとよく言われる。総務省「労働力調査」によると２０１９年の非正規雇用率は38・2％で全体の４割弱だが、女性の非正規雇用率は56％、男性の非正規雇用率は22・8％と大きく開いている。女性労働者の半分以上が非正規雇用で働いているために、女性の平均賃金が下がる、という指摘だ。

ただ、それは賃金格差の片面しか説明しない。すでにデータを見たように、日本ではフルタイムの長期勤続者同士でも男女賃金格差が大きいのである。

賃金センサスから、雇用形態別に男女賃金格差を並べてみよう。正社員の女性は、正社員の男性の76・6％の賃金しかもらっていない。正社員以外の女性は、正社員以外の男性の80・5％の賃金しかもらっていない。短時間労働者の女性は、短時間労働者の男性の93・3％の賃金（時給）しかもらっていない。つまり、「正社員」と呼ばれる無期雇用・フルタイムに近づくほど男女賃金格差は開く。日本の賃金格差は「正規—非正規」と「正規—

正規」という2重構造になっており、そこも韓国と共通している。非正規の女性労働者を正規雇用にするだけでは解決しない分、根が深いのだ。

賃金格差と昇進差別

そもそも、労働基準法第4条は「使用者は、労働者が女性であることを理由として、賃金について、男性と差別的取扱いをしてはならない」と定めている。罰則は6か月以下の懲役または30万円以下の罰金だ。

また、男女雇用機会均等法は、募集、採用、配置、昇進、降格、教育訓練等、福利厚生、職種や雇用形態の変更、退職の勧奨・定年、解雇にいたるまで、労働者の性別にもとづく差別的取扱いを禁止している。直接の罰則はないが、違反すれば労働局から助言・指導・勧告を受け、勧告に従わない場合は過料や企業名公表も行われる。

法律は明確に賃金差別を禁止しているが、いまも入口（就職）から出口（退職）まで脱法的な性差別が横行している。その主な手法は昇進差別である。

男性の賃金カーブが年齢とともに上がっていくのは、昇進・昇格によって役職が上がり、多くの男性が管理職となって高い役職給を受け取るためだ。男性が優先的に昇進し、女性を昇進させないため、年齢が上がるにつれて格差が大きくなる。

この格差はただ放置されてきたわけではない。日本でもこれまで多くの女性労働者が声をあげ、労使交渉をし、司法の場でたたかってきた。とりわけ男女雇用機会均等法の施行・改正以降、平成の30年間に賃金差別・昇進差別裁判が増え、世の注目も集めた。

1980年代の女性の賃金は男性の6割程度だったが、多くのたたかいを経て、現在は75％になった。しかし、均等法から35年が経ち、施行当時に新人だった労働者が定年を間近に控える現在もなお女性は男性の4分の3である、ともいえる。裁判に勝ち、「もし同期や同職の男性社員と同じように昇進していれば支払われたはずの賃金」を損害賠償や和解金として得ることがあっても、女性労働者たちが実際に男性と同じように昇進・昇格できるようになったわけではなかった。

厚生労働省「雇用均等基本調査」によると、2003年度から2019年度までの16年間で、企業規模30人以上の企業の係長相当職の女性割合が8・2%から16・6%に、課長相当職の女性割合が3・0%から10・3%に、部長相当職の女性割合が1・8%から5・5%に、それぞれ2~3倍増えている。しかし、それでも世界からは取り残されている。内閣府「男女共同参画白書」には、企業の管理的職業従事者（係長級以上）に占める女性の割合の国際比較が載っている。他の先進国が3~4割のところ、14・7%の日本と、14・5%の韓国が突出して低い。

シカゴ大教授の山口一男は、こうした日本の労働社会について次のように指摘する。

しかし1980年代にポストモダニズムが議論されていた日本社会の特性の一部は、実は現代でも未だ近代社会とも呼べない特性を有しているといえる。重要な業績である大卒か否かより、生まれが男性であるか女性であるかが、課長以上の管理職になる可能性の大きな決定要因なのである。

（山口一男『働き方の男女不平等 理論と実証分析』2017年）

経済産業研究所「ワークライフバランスに関する国際比較調査」（2009年）によれば、同じホワイトカラー正社員でも、男性は勤め続ければどのような学歴であっても9割以上が係長になり、大卒の8割、高卒の7割が最終的に課長以上の地位を得る。それに対し女性の場合は、勤続年数がどんなに長くとも、課長以上の地位を得る割合は大卒で3割に満たず、高卒で15％に達しない。

山口は同調査のデータから、男女で人的資本（学歴、年齢、勤続年数）と就業時間が同じとなる仮想状態を作り出して分析した。その結果においても管理職割合の男女格差が約60％残った。つまり、管理職割合の格差の6割は性別のみで決定されているということだ。そこまで似なくていいのでは？　と思うほどだが、本書の第3章でも、韓国の男女賃金格差の要因のうち60％が「なんとなく」だった、という研究が紹介されている。

失われた賃金を求めることは1%を目指すことではない

日本の政策担当者は、以上に述べたような問題を遅くとも2000年代初頭には認識していたはずだ。だからこそ2003年（小泉政権）の時点で、「社会のあらゆる分野において、2020年までに、指導的地位に女性が占める割合が、少なくとも30%程度となるよう期待する」という目標をたてた。「指導的地位」とは、（1）議会議員、（2）法人・団体等における課長相当職以上の者、（3）専門的・技術的な職業のうち特に専門性が高い職業に従事する者（たとえば弁護士・医師・記者・大学教授等）を指す。

2019時点の日本の課長相当職の女性割合が1割であることはすでに見たが、ほかの分野を見ると、国会は衆院議員で1割程度、参院議員で2割強、地方議会では都市と地方で大きく差があるが平均15%程度である。専門職では法曹関係者が2割程度、医師・記者ともに2割強（内閣府「男女共同参画白書」）。どの指標でも3割には遠く及ばず、政府目標は「2020年代の可能な限り早期に」と先送りされた。

ただいずれにせよ、男女賃金格差に対して「指導的地位」の女性を増加させることが有効であると政府が考え、それを経済成長の原動力として進めようとしていることはたしかだ。安倍政権の「女性活躍」もこの認識に立った政策であり、経済界・大企業も国策として受け止めてきた。また、「リベラル・フェミニズム」や「企業《コーポレート》フェミニズム」と呼ばれる、一部の女性リーダーが体現するフェミニズムも広く影響力を持つようになっている。代表的なのは「体制の一員になる《リーン・イン》」という言葉で知られるFacebookのCOO、シェリル・サンドバーグだろう。

男女賃金格差を是正するには、高い役職や管理職・専門職につく女性の数を増やすことが必須である。そのためには、職場のセクシズムをとりのぞき、女性のもつ能力・経験が公正に評価されなければいけない。ここまではいい。

だが、それだけに注力していれば、女性が置かれた不公正な環境は改善するのだろうか？本書に即して問い直せば、「失われた賃金」を求めることは、上位1割やトップの1％を目指すように女性たちに働きかけ、企業に女性たちを「リーン・イン」させることなのだろうか？　女性全体の賃金もまた、トップへの働きかけによって滴り落ちる《トリクルダウン》と信じたほうがいいのだろうか？

違う、というのが本書の立場だと思う。

それはたとえば、「ガラスの天井」という言葉への誤解に関して、「高いポジションについている女性の存在は他の女性の力になる……だが、だからといって性差別がなくなった証拠とはなりえない」と述べる第1章に。「女は野望がないから」という主張に対する批判として、「女性という性別を劣ったものと扱う不当さと戦うとき、全女性がデキる女だと言う必要はないのだ」と語る第2章に。そして、女性職種になっている給食調理師、縫製労働者、電話オペレーター、スーパーの販売員、介護労働者、保育士、ベビーシッター、乗務員、翻訳家、清掃労働者などの社会的な低評価が性差別によるものだと説明する第7章に、繰り返し書き込まれている。

「女性活躍」の名目で進められている平等抜きの能力主義《メリトクラシー》は、男性の働き方や家事分担、富や権力を男性が占有する構造を温存したまま、女性の側を1％と99％に分断するおそれがある。この問題に対して、『99％のためのフェミニズム宣言』（人文書院、2020年）は次のように指摘する。

また貧困層や労働者階級の女性たちにとって、賃金の平等は、生活に必要なだけの賃金を惜しみなく払ってくれる仕事と、実際に行使可能な労働者の権利を持ち、家事や介護の新たなありかたが模索されないかぎり、みじめな平等にすぎない。

（シンジア・アルッザ、ティティ・バタチャーリャ、ナンシー・フレイザー『99％のためのフェミニズム宣言』恵愛由訳、2020年）

女性に「生産性の高い仕事」につくように推奨しても、女性が低報酬あるいは無償で担ってきた家事・育児・介護をはじめとする再生産労働、ケア労働はなくならない。そうした社会的再生産こそが、資本主義による賃金労働の世界を成り立たせているのだから。いま指導的地位につく女性は、職場に「リーン・イン」するために男性以上の努力をするだけでなく、再生産労働の一部を誰かに委託してきた。そのことで男性には課せられていない葛藤を抱えている。外注され、ときに無償で引き受けられたその社会的再生産を担うのは、9割の、99％の女性労働者である。そうした労働をもすべて市場化・効率化して高い労働生産性を実現し、従事する労働者に十分な賃金を払うことはできるだろうか？　だれもが再生産労働によって「受け取れるはずだった賃金」を失うことのない、そんな世界を想像することはできるだろうか？　あるいは、その問い自体に賃金労働の矛盾があらわれているのではないか？　本書の問いの射程はそんなところまで広がる。

チョ・ナムジュが『82年生まれ、キム・ジヨン』の次に書いた短編小説集『彼女の名前は』（筑摩書房、2020年）では、ハラスメントとたたかう女性労働者、社会的再生産を担う非正規労働者（給食調理師、KTX乗務員、清掃労働者）、大企業勤めの娘の代わりに家事・育児を担う祖母といった語り手が次々と現れ、「活躍」していないものとされている99％の側の生活を語る。『彼女の名前は』の訳者が本書を訳した小山内園子とすんみの二人であるのは、偶然ではないはずだ。訳者たちとチョ・ナムジュ、そしてイ・ミンギョンは、アプローチや表現方法は異なっても、同じ目線の高さとフォーカスの深さで世界を見ているように感じる。

問うことの力

イ・ミンギョンは「問いの力」について書く作家だと思う。

前著『私たちにはことばが必要だ　フェミニストは黙らない』(タバブックス、2018年)は、「セクシストの質問には答えなくていい」というシンプルだが重要な共通認識をうちたてることで、「問うこと」の権力性を告発する本だった。フェミニズムにとっての「ことば」は、権力勾配を利用した男性からの質問やクソリプに応答するためにあるわけではない。マジョリティの側は気づかない(あるいは対等だというフリをする)が、他者に質問して答えさせるという行為のなかにすでに権力構造が発動しているのだ。

その意味で本書は、問いの力の使い方をフェミニズムの側から示した本だと言えるかもしれない。「韓国の/日本の女性がもっと受け取れるはずだった賃金の金額を求めよ」という問いに答えることの不可能性は、最終章で著者も指摘している。だが、重要なのは、その問いに答えようとする道程で知り経験したことと、そのときに働かせた想像力を、現実を変えるために使うことだ。

著者が「もちろん賃金がひとりの人間の価値を意味するわけではない」と留保しながら、「賃金は私たちがこれまで得てきたあらゆる資源をベースに決定され、これから享受し得る物質・非物質的資源を決定づける」と述べていることを何度でも思い起こしたい。賃金はある一時点の労働力の対価や生活するための手段にとどまらない、性差別を考える上で最も重要な指標の一つなのである。

賃金はただの金だが、ただの金ではない。「女性の賃金が理由もなく削られていく職場では、名誉、名声、承認など具体的に測定することができない別の価値もまた削られていく」。問い続けることは、たしかにそこにあったものを忘却しない力にもなる。これまでの女性たちが持っていた才能と、与え、生み出してきた価値について記憶し、想像し、書き記し、計算し続けること。この問いに答えるプロセスは、もちろん女性だけでなく男性も参加すべきものだ。

イ・ミンギョン Lee Min-Gyeong

延世大学校仏語仏文学科、社会学科を卒業後、韓国外国語大学校通訳翻訳大学院韓仏科で国際会議通訳専攻修士、延世大学校大学院文化人類学科修士課程で文化人類学修士を取得。2016年に起きた江南駅殺人事件をきっかけに『私たちにはことばが必要だ　フェミニストは黙らない』を発表。女性が女性であるという理由で人生をあきらめなくてもすむ瞬間のため、ことばを書き訳している。最近はテキストを媒介にして女性たちが出会える場を作ることに力を注いでいる。主な著作に『私たちにはことばが必要だ　フェミニストは黙らない』『脱コルセット：到来した想像』、共著に『笛を吹く女たち』『ヨーロッパ堕胎旅行』、訳書に『대리모 같은 소리（原題訳：代理出産、人権侵害）』『임신 중지（原題訳：幸せな中絶）』『나, 시몬 베유（原題訳：ある人生）』などがある。現在、女性の人生で手にすることのできるまた別の可能性を模索中である。

小山内園子　Sonoko Osanai
東北大学教育学部卒業。社会福祉士。訳書に、ク・ビョンモ『四隣人の食卓』（書肆侃侃房）、キム・ホンビ『女の答えはピッチにある』（白水社）、共訳書に、イ・ミンギョン『私たちにはことばが必要だ』（タバブックス、すんみと共訳）、チョ・ナムジュ『彼女の名前は』（筑摩書房、すんみと共訳）など。

すんみ　Seungmi
翻訳家。早稲田大学大学院文学研究科修了。訳書にキム・グミ『あまりにも真昼の恋愛』（晶文社）、チョン・セラン『屋上で会いましょう』（亜紀書房）、共訳書にイ・ミンギョン『私たちにはことばが必要だ　フェミニストは黙らない』（タバブックス、小山内園子と共訳）、チョ・ナムジュ『彼女の名前は』（筑摩書房、小山内園子と共訳）など。

西口想　So Nishiguchi
１９８４年東京都生まれ。早稲田大学第一文学部を卒業後、テレビ番組制作会社勤務を経て、現在は労働団体職員、文筆家。著書に『なぜオフィスでラブなのか』（堀之内出版）。

失われた賃金を求めて

2021年2月16日　初版発行

著　イ・ミンギョン
翻訳　小山内園子・すんみ
翻訳協力　尹怡景
デザイン　沼本明希子(direction Q)

発行人　宮川真紀
発行　合同会社タバブックス
〒155-0033　東京都世田谷区代田6-6-15-204
Tel: 03-6796-2796　Fax: 03-6736-0689
Mail: info@tababooks.com
http://tababooks.com/

校正　株式会社鷗来堂
組版　有限会社トム・プライズ
印刷製本　シナノ書籍印刷株式会社

ISBN978-4-907053-47-5　C0098

タバブックスの本

私たちにはことばが必要だ　フェミニストは黙らない
著　イ・ミンギョン　訳　すんみ・小山内園子

2016年のソウル・江南駅女性刺殺事件をきっかけに韓国社会で可視化された女性差別。女性がこれ以上我慢や苦痛を強いられることを防ぐための日常会話のマニュアル書。韓国のフェミニズムムーブメントを牽引するイ・ミンギョンの画期的なデビュー作。

978-4-907053-27-7　1,700円＋税

韓国フェミニズムと私たち
編　タバブックス

若い女性たちがフェミニズムに覚醒し声を上げている韓国。現在起きている現象とその背景を取材、女性作家やアクティビストたちの声を伝え、韓日女性たちの連帯をすすめる１冊。

978-4-907053-37-6　1,300円＋税

夢を描く女性たち　イラスト偉人伝
著　ボムアラム　訳　尹怡景

教科書に出てくる偉人はなぜ男性だけ？　なのでつくった女性偉人伝！　韓国のフェミニズム出版社ボムアラムによる歴史上の女性のあらたな検証。日本版には６名の女性を追補。

978-4-907053-41-3　1,700円＋税